Eduard Heuchler

Der Dom zu Freiberg

In geschichtlicher und kunsthistorischer Beziehung beschrieben

Eduard Heuchler

Der Dom zu Freiberg
In geschichtlicher und kunsthistorischer Beziehung beschrieben

ISBN/EAN: 9783743629950

Hergestellt in Europa, USA, Kanada, Australien, Japan

Cover: Foto ©Thomas Meinert / pixelio.de

Weitere Bücher finden Sie auf **www.hansebooks.com**

DER DOM ZU FREIBERG.

In geschichtlicher und kunsthistorischer Beziehung

beschrieben

von

Eduard Heuchler.

Nebst 4 Tafeln Lithographien und 1 Tafel Photographie.

Freiberg.

In Commission bei J. G. Engelhardt.

1862.

Dem

Königl. Sächs. Ministerium des Cultus und öffentlichen Unterrichts

in

tiefster Ehrerbietung und Dankbarkeit gewidmet

von

Verfasser.

Vorwort.

Der Dom zu Freiberg, obgleich wenig ansprechend durch sein einfaches, unvollendet erscheinendes Aeussere, bietet dennoch für den Freund der vaterländischen und insbesondere der Kunstgeschichte so viel des Interessanten dar, dass es gerechtfertigt erscheinen wird, nicht nur alles Dasjenige, was von seiner muthmasslichen Gründung an auf seine eigene Geschichte Bezug hat und aus den Chroniken und anderen Schriften bekannt ist, zusammenzustellen, sondern auch die verschiedenen Kunst- und Bauperioden, welche an ihm sich nachweisen lassen, zu beleuchten und zu erklären.

Die ältesten Beschreibungen dieses Gebäudes reichen bis in das Jahr 1653 zurück. Sie verbreiten sich aber weniger über den Dom selbst, als vielmehr über das churfürstliche Begräbniss, und bestehen eigentlich nur aus unbegrenzten und missverstandenen Lobeserhebungen desselben, sowie in der Aufzählung der bis zu dieser Zeit hier ruhenden Fürsten mit Angabe der Inschriften auf ihren Epitaphien oder Grabplatten Von der ersten Pfarrkirche aber, von welcher die goldne Pforte als der vorzüglichste Theil noch vorhanden ist, sind die Nachrichten nur sehr kurz und zum Theil auch irrig; es kann sich daher nur Derjenige ein richtiges Bild von dieser ersten Pfarrkirche vergegenwärtigen, welcher mit der Geschichte der Baukunst, namentlich ihren Zeitperioden und den ihr angehörigen Baustylen, hinlänglich vertraut ist und die jener Kirche noch zugehörigen Ueberreste selbst aufzufinden vermag.

Der Verfasser des vorliegenden Werkchens hat sich seit vielen Jahren mit besonderer Vorliebe durch Studien, Ausmessungen und Untersuchungen mit diesem Gebäude vertraut gemacht und glaubt daher jetzt, mit seinen dadurch erhaltenen Resultaten nicht nur eine Lücke in der Geschichte Freibergs auszufüllen, sondern auch den vielen Freunden und Verehrern unserer Domkirche, namentlich aber der goldnen Pforte, einen wesentlichen Dienst damit zu erweisen.

Freiberg, 1862.

Schriften und Kupferwerke,

welche sich auf den Dom und das churfürstliche Begräbniss beziehen.

A. Alte Werke.

Sebastian Münsters Cosmographie. 1553.

Michael Hempels Beschreibung des churfürstlichen Begräbnisses. 1605.

Schirmers kurze Beschreibung des churfürstlichen Begräbnisses. 1619. Mit einem Kupferstich.

Andreas Mollers Chronik von Freiberg. 1653.

Immanuel Webers Lebensbeschreibung des Churfürsten Moritz. 1719.

Johann Samuel Gräblers Ehre der Freiberg'schen Todtengrüfte. 1731.

Knauths Jahrbücher von Alten-Zelle. 1721.

B. Neuere und neueste Werke,

soweit sie dem Verfasser entweder bekannt waren oder zugänglich wurden.

C. L. Stieglitz, Von altdeutscher Baukunst. 1820.

L. Puttrich, Denkmäler der Baukunst des Mittelalters in Sachsen. I. Abth. 1835.

F. Kugler, Kleinere Schriften und Studien zur Kunstgeschichte. 1838.

Derselbe, Handbuch der Kunstgeschichte. 1842.

Hallische Jahrbücher für deutsche Wissenschaft und Kunst. 1839.

Conversationslexicon für bildende Kunst, im Jahre 1843 angefangen.

E. Guhl, Denkmäler der Kunst. 1851.

G. Benseler, Geschichte Freibergs und seines Bergbaues. 1846.

D. C. Schnaase, Geschichte der bildenden Künste. 1855.

Fr. Otte, Geschichte der deutschen Baukunst. 1861.

Derselbe, Grundzüge der kirchlichen Kunstarchäologie des deutschen Mittelalters. 1855.

G. M. Dursch, Aesthetik der christlichen bildenden Kunst des Mittelalters. 1856.

Wilhelm Lübke, Grundriss der Kunstgeschichte. 1860.

Derselbe, Handbuch der Kunstgeschichte. 1861.

E. Förster, Geschichte der deutschen Kunst. 1861.

Derselbe, Denkmale der deutschen Baukunst, Bildhauerei und Malerei.

Mittheilungen des Königl. Sächsischen Vereines für Erforschung und Erhaltung vaterländischer Alterthümer.

I. Abtheilung.

Geschichtliches über Freiberg bis zur Gründung seiner ersten Pfarrkirche.

~~~∗∗∗∗∗∗~~~

Freiberg soll, nach Mollers Chronik, unter dem alten Namen Vriberc, später Freyenberg, zuletzt Freiberg, in der Zeit von 1162 bis 1175 gegründet sein, aber nirgends ist diese Annahme durch vorhandene Urkunden festgestellt, ja Moller sagt selbst, „dass man die Jahre nicht so genau spannen dürfe." Man kann also mit gleichem Rechte auch noch eine frühere Zeit dafür annehmen, wenn man vorzugsweise auf den Dom, als auf das dem ersten Anscheine nach älteste Gebäude, seine prüfende Aufmerksamkeit richtet.

Besichtigt man genau das Mauerwerk des jetzigen, in den Jahren 1490 bis 1520 erbauten, Domes, so findet man hier und da noch Ueberreste, welche der Zeit der Erbauung der goldnen Pforte und daher dem romanischen Baustyl angehören. Allein da auch dieses Mauerwerk schon mit Bruchstücken alter romanisch profilirter Gesimsstücke vermischt aufgeführt wurde, so liegt die Vermuthung nahe, dass hier noch ein früheres Bauwerk vorhanden gewesen sein muss. Ja, es stehen sogar die ersten Säulen der goldnen Pforte in ihrem Grunde auf alten Sandsteingesimsstücken. Ferner sind an den jetzt im Dachraum des Churfürstlichen Begräbnisses verborgenen alten Mauern des früheren hohen Chores, sowohl an ihrer nördlichen als südlichen Seite, die romanischen Hauptgesimse mit Bogenfriesen noch vorhanden. Von diesen liegt jedoch das südliche viel tiefer als das nördliche, was ebenfalls darauf hinzudeuten scheint, dass das erstere einem noch früheren, doch niedrigeren, Baue angehört habe und erst später, also beim Baue einer höheren und grösseren Kirche, wieder benutzt worden sei. Man könnte sich ausserdem diese Verschiedenheit in der verticalen Höhe beider Hauptgesimse an demselben Gebäude, wenigstens an diesem Orte, nicht erklären. Endlich findet sich in Mollers Chronik, 1. Abtheilung, Seite 75, und in Hempels Conditorium Saxonicum, Seite 10, die Nachricht, dass man bei der, in den Jahren 1568 bis 1592 vorgenommenen, Erweiterung der Churfürstlichen Begräbnisskapelle, wo man den mittleren hohen Theil „um ein Stück weiter nach Osten hinaus verlängerte," in ziemlicher Tiefe, ausser mehrfachen Leichensteinen über einander, auch noch die Ueberreste von Säulen, oder wahrscheinlicher von Pfeilern, gefunden habe. (Grundplan Fig. 1. D Taf. I.)

Können wir hiernach nicht daran zweifeln, dass früher schon ein anderes Bauwerk an dieser Stelle gestanden habe, so werden wir dabei auf die Frage geführt: was war dies für ein Gebäude, und wann kann es erbaut worden sein? Ehe wir aber diese Frage beantworten, müssen wir zuvor einen Blick auf den damaligen Zustand des ganzen Raumes werfen, welchen jetzt Freiberg und seine nächste Umgebung einnimmt.

Nach Mollers Chronik lag bekanntlich Christiansdorf am südlichen Abhang der Lusitzbach, jetzt Münzbach genannt, und zwar an derjenigen Stelle, wo gegenwärtig die Sächsstadt steht. Die heutige Sct. Jacobi-Kirche mag ungefähr in der Mitte des lang gestreckten Ortes gestanden haben, doch war sie damals nur eine kleine Kapelle, was man noch in ihrem romanischen Mauerwerke an der Westseite deutlich erkennen kann.

Da wir aber durch Nichts behindert sind, uns Christiansdorf bei seinem raschen Wachsthum durch Bergleute und Gewerken auch auf das linke Ufer der Lusitzbach ausgedehnt zu denken, so kann nun auch eine zweite Kapelle,[1] und zwar an derjenigen Stelle, wo, wie schon erwähnt, die Pfeilerüberreste gefunden worden sind, gestanden haben. Der Chronist Moller nennt uns (1. Abtheilung, Cap. XII, Seite 117) eine ziemliche Anzahl solcher Kapellen, welche einst in Freiberg vorhanden waren, und so mögen natürlich auch die übrigen Kirchen Freibergs, z. B. die zu Sct. Petri, Sct. Nicolai, Sct. Johannis etc. früher nur Kapellen gewesen und solche später erst in Kirchen umgebaut worden sein.

Zum Schutze dieses, nach allen Seiten sich ausdehnenden Ortes Christiansdorf soll nun Markgraf Otto 1175 eine Burg und zwar an derjenigen Stelle gebaut haben, wo jetzt das sogenannte Schloss steht. Zugleich wurde auch von ihm der Ort zur Stadt erhoben und Freiberg genannt. Allein es mag diese Burg nicht hinreichend stark gewesen sein die Stadt zu beschützen, denn schon im Jahre 1186 soll Freiberg, nach den altzellischen Jahrbüchern, eine grosse Verheerung und Niederlage (durch was oder wen, ist nicht angegeben) erlitten haben, so dass sich Markgraf Otto veranlasst sah, dieselbe mit festen Mauern zu umschliessen.

Bei dieser Gelegenheit mag man auch darauf Bedacht genommen haben, die Strassen der Stadt in eine etwas regelmässigere Anlage zu bringen, als dies früher in Christiansdorf der Fall war, obwohl dies nicht überall gelingen konnte, da man damals noch keine Baupolizei hatte.

Schwieriger ist die Bestimmung der Zeit, wann jene Kapellen und namentlich diejenige, aus welcher sich in späterer Zeit die erste Pfarrkirche entwickelte, erbaut worden sein mag, da uns alle Anhaltspunkte dazu fehlen. Wenn wir indess der Angabe in Knauths altzellischen Jahrbüchern (Bd. I, IV. Theil, Seite 18) Glauben schenken wollen, dass der Siebenlehn'sche Bergbau älter sei, als der Freiberger, und sich letzterer erst später in Christians- oder Kerstendorf reicher als jener gezeigt habe, dann können wir uns auch die Ausbreitung Christiansdorfs in Folge des zunehmenden Bergbaues früher erfolgt denken, als in Markgraf Otto's späterer Regierungszeit. Man kann übrigens auch das Wachsen von Christiansdorf nicht als ein so rasches annehmen, wie es Moller in seiner Chronik angiebt, denn es widerspricht ein sich so schnell entwickelnder Reichthum des Bergbaues allen Erfahrungen, welche wir über das Verhalten unserer Erzgänge gemacht haben, die damals vielleicht in den oberen Teufen zwar sehr reich gewesen sein mögen, aber doch nicht aus völlig gediegenem Silber bestanden haben können. Auch stand die Technik des Bergbaues noch auf einer so niedrigen Stufe der Ausbildung, dass damals Erze auf die Halde geworfen wurden, welche unsere jetzigen Gruben noch ausbeutefähig machen würden.

[1] M. Hempels Conditorium Saxonicum etc. S. 10: „Ist wol vermuthlich, es habe an demselben Orte vor langen Jahren, als diese Stadt durch göttlichen Segen zugenommen, eine kleine Kirche gestanden etc."

Nehmen wir also die erste Hälfte des zwölften Jahrhunderts für die Erbauung obiger Kapelle an und setzen wir die Erhebung von Christiansdorf zur Stadt, wie Moller es angiebt, in das Jahr 1175, dann liegt eine grössere Reihe von Jahren zwischen jenen Perioden der ersten Auffindung der Erzgänge und der Bildung einer für die damalige Zeit grossen Stadt.

Nun ist es auch wahrscheinlich, dass Markgraf Otto von dem von ihm gestifteten Kloster Altenzelle die Dörfer Christiansdorf und Ober-, sowie Niederlossnitz gegen Rosswein u. s. w. nur desshalb eingetauscht habe, weil er an diesen Orten wegen des bedeutenden Erzreichthumes eine grössere Stadt anlegen wollte, nicht aber wegen des etwaigen Verlustes des Bergregales, das ja, nach Knauths Jahrbüchern von Zella (IV. Band, Seite 21) nicht von dem Kloster, sondern nur von dem Landesherrn ausgeübt werden durfte. Es hätte sich also der Abt ebensowohl als jeder andere Gewerke vom Landesfürsten damit haben belehnen lassen müssen. Der durch den Bergbau zunehmende Reichthum, sowohl des Markgrafen Otto als auch der Gewerken, mag nun auch Veranlassung gegeben haben, diese früheren Kapellen, soweit sie im Bereich der mit Mauern umgebenen Stadt lagen, in Kirchen zu verwandeln, wozu die damalige religiöse Richtung der Bewohner viel beigetragen haben mag. Es ist daher sehr wahrscheinlich, dass gerade diese Kapelle, weil sie der Burg (damals gewiss schon der Aufenthaltsort der Markgrafen, wann sie Freiberg besuchten) am nächsten lag, sich zuerst in eine Kirche umwandelte, und Markgraf Otto darf gewiss als der Gründer derselben betrachtet werden, da wohl anzunehmen ist, dass er an dem Orte, welchem er seine Reichthümer insbesondere verdankte, ein Gotteshaus zu errichten geneigt war, dessen einstige Pracht wir noch jetzt an seinem südlichen Eingangsthore, der späteren goldnen Pforte, bewundern. Dass natürlich hierbei die Theilnahme reicher Gewerken nicht gefehlt haben werde, ist wohl vorauszusetzen.

Ehe wir jedoch zur Bestimmung der Zeit, wann diese erste Pfarrkirche „zu Unserer lieben Frauen," welcher sie geweiht war, gegründet worden ist, übergehen können, müssen wir zuvörderst eines anderen Kirchenbaues gedenken, welcher in dieselbe Zeit zu fallen scheint und der, wenn auch in kleinerem Massstabe errichtet, doch mit unserer Kirche in Form und innerer Ausschmückung genau übereinstimmt.

Es stiftete nämlich Graf Dedo von Rochlitz, ein jüngerer Bruder des Markgrafen Otto, nach den noch vorhandenen Urkunden im Jahre 1174 das Kloster Zschillen bei Rochlitz, welches jetzt, als Residenz der Grafen von Schönburg, Wechselburg genannt wird. Zugleich wurde hier eine Kirche erbaut, die noch heute als ein schönes Denkmal der Kunst des Mittelalters angesehen wird und dadurch eine gewisse Berühmtheit erlangt hat, dass in ihr, trotz mancherlei Veränderungen im Laufe der Jahrhunderte, die Kanzel und der Altar sich in ihrer ursprünglichen Gestalt erhalten haben, so dass sie in ganz Deutschland als das einzige Muster ihrer Art von höchstem Interesse ist.

Die Wechselburger Schlosskapelle, wie sie gegenwärtig genannt wird, hat, wie schon bemerkt, mit unserer ersten Pfarrkirche, obgleich in kleineren Dimensionen erbaut, fast dieselbe Grundgestalt. Zugleich finden wir in der Schlosskapelle zu Wechselburg Statuen und Ornamente wieder, die auch an der goldnen Pforte und an einigen anderen, noch aus jener Zeit vorhandenen Ueberresten unserer ersten Pfarrkirche mit wenig Abänderungen zu finden sind.

Vergleicht man aber die Wechselburger Sculpturarbeiten mit den Freibergern, namentlich mit denjenigen an der goldnen Pforte, so ist man versucht, in Freiberg den Meister selbst, in Wechselburg aber nur seine Einwirkung oder Nachahmung zu erkennen. Ist also, wie die Urkunden es besagen, die Klosterkirche in Wechselburg schon 1174 zu bauen angefangen worden, dann kann

1*

natürlich auch die Pfarrkirche in Freiberg keiner späteren Zeit angehören und müssen wir deshalb den Markgrafen Otto als den Gründer unserer Kirche betrachten.

Um nun zu einer geschichtlich richtigen Folge in der Beschreibung des Domes zu gelangen, sind die Verschiedenheiten der Baustyle an dem Gebäude selbst aufzusuchen und mit den ihnen zugehörigen Zeitperioden zu vergleichen.

II. Abtheilung.

Erste Bauperiode. Vom Jahre 1160 bis 1386.

—◦◦◦◦◦—

Aus den schon früher genannten noch vorhandenen Ueberresten der ersten Pfarrkirche zu Unserer lieben Frauen, zu welcher die goldne Pforte den südlichen Eingang bildete, ergiebt sich die Gewissheit, dass sie eine gewölbte Basilika im deutsch- oder vielmehr sächsisch-romanischen Baustyl war.

Auf Taf. I. Fig. 1. ist der Grundriss der ganzen Kirche dargestellt. Die schwarze Farbe bezeichnet dasjenige Mauerwerk, welches noch aus jener ersten Erbauungszeit aufgefunden worden ist, die hellere hingegen die ideale Ergänzung der ganzen Kirche.

Da man aber auch noch im Dachraume der churfürstlichen Begräbnisskapelle die ehemalige Höhe dieses ältesten Gebäudetheiles erkennen kann, so hat auch der Querdurchschnitt (Taf. III. Fig. 7. a b) entworfen werden können. Man sieht aus dem letzteren, dass die Kirche in ein hohes Mittelschiff und in zwei niedere oder Seitenschiffe zerfiel.

Betrachten wir nun den Grundriss Fig. 1. Taf. I. genauer, so finden wir, dass sich an das hohe Langschiff ein Querschiff von gleicher Höhe anschloss, dessen Länge und Breite zusammen drei Quadrate bildeten, und dass dasselbe daher über die Nebenschiffe hervortrat. Nur um wenige Stufen höher als das Lang- und Querschiff lag der hohe Chor, der östlich in einer grossen Chornische (Apsis) endigte. Zwei kleinere Chornieschen (Apsiden) befanden sich zu beiden Seiten im Querschiff. Ueber der Kreuzung des Lang- und Querschiffes erhob sich eine Kuppel, welche über dem Dache in einen achtseitigen Thurm auslief. Zwei hohe Thürme zierten die Westseite.

Nach dieser allgemeinen Beschreibung gehen wir jetzt zu der besonderen über. Der Haupteingang (A) in das Mittelschiff dieser Kirche lag an der Westseite zwischen den Thürmen, wo er sich auch noch jetzt befindet. Es müssen auch damals schon 6 Stufen in das Schiff hinab geführt haben, weil im Querschiffe an der Südseite noch der alte Fussboden unter einer attischen Säulenbase erhalten ist. Dieser Eingang bestand, wie in den meisten Kirchen dieses Zeitalters und Baustyles, aus einem grossen Portale, ähnlich dem der goldnen Pforte, nur war er einfacher in seiner Architectur und Sculptur, vielleicht wie es in Fig. 6. Taf. III. angedeutet worden ist. Das frühere Vorhandensein dieses Portales verräth sich noch in vielen Säulenschaftstücken, welche im Sockel des jetzigen Domes hier und da als Bausteine vermauert worden sind. Was für eine Darstellung aber in dem Bogenfelde (Tympanon) sich befunden haben möge, ist allerdings nicht anzugeben. Wahrscheinlich war auch über diesem Portale, wie in der Schlosskapelle zu Wechselburg, ein Rosetten- oder Radfenster vorhanden.

Einen zweiten Haupteingang bildete die sogenannte „güldne Pforte" (B) auf der Südseite des Querschiffes, deren speciellere Beschreibung später folgen wird. Ueber ihr kann man sich vielleicht nur ein einfaches Fenster denken, um nicht durch eine reichere Decoration der Mauerfläche die Aufmerksamkeit vom Portale selbst abzulenken.

Diesem Südportale gegenüber, an der nördlichen Seite des Querschiffes, kann ein dritter Eingang (C) nicht gefehlt haben; doch war er jedenfalls kleiner als die beiden erstgenannten und ungefähr so, wie ihn Fig. 9. Taf. III. darstellt. Zu diesem Eingange mögen jene zwei Bogenfelder (Tympanons) Fig. 10. a u. b derselben Tafel, gehört haben, welche früher in der südlich gelegenen Umfassungsmauer des Kreuzganges in dem Domgässchen eingemauert waren, jetzt aber im Kreuzgang mit anderen Steinresten aus dieser Zeit aufbewahrt werden. Auch fand man beim Abtragen des Kreuzganges in der Grundmauer ein Stück achtseitige Säule, Fig. 11, welche auf ihren Flächen mit fünfblättrigen Rosetten in Vergissmeinnichtform in angemessenen Entfernungen von einander verziert war, was ohne Zweifel zu dieser Doppelthüre gehört haben wird. Auf den beiden, allerdings sehr verstümmelten, Tympanons sind Engelbrustbilder im Hochrelief dargestellt, wovon das eine auf Fig. a mit Scepter und Reichsapfel, als den Insignien der Herrschaft, das andere b mit zwei Kugeln in den Händen, Himmel und Erde darstellend, abgebildet ist. Beide sollen demnach die Herrschaft der Maria über Himmel und Erde symbolisiren. Aehnliche Andeutungen wiederholen sich auch an der goldnen Pforte.

Ausser diesen genannten drei Eingängen wird sich äusserlich wenig andere Decoration an dem Gebäude befunden haben, als diejenige, welche dem romanischen Style eigen ist. Ein einfach edles Hauptgesims mit Bogenfries, wovon noch ein Stück im hohen Chor vorhanden und in Fig. 8. Taf. III. dargestellt ist, hat die Hauptmauern des Gebäudes und die Thurmetagen verziert. Zwischen den verhältnissmässig nur kleinen Fenstern des Langschiffes und der Nebenschiffe, sowie des hohen Chores, haben sich Lisenen befunden, welche mit dem Bogenfries sich verbanden.

Fassen wir diese Beschreibung des Aeusseren in ein Ganzes zusammen, so erhalten wir ein Bild von der Südseite dieser Kirche, wie es auf Taf. II. Fig. 2. dargestellt ist und der ehemaligen Gestalt gewiss ziemlich nahe kommen wird, da hier keine anderen Formen vorausgesetzt werden können, als diejenigen, welche der romanische Baustyl verlangt und die in vielen Beispielen uns erhalten worden sind. Eine Hauptzierde dieser Kirche war jedoch

die goldne Pforte

(Taf. V. Photographie). Diese bildete, wie bereits erwähnt, den südlichen Eingang in das Querschiff der ersten Pfarrkirche zu Unserer lieben Frauen, welche unter Markgraf Otto in den Jahren 1160 bis 1180 im sogenannten romanischen, speciell sächsisch-romanischen, Baustyl errichtet wurde. Man verlegte dieses Portal wohl nur desshalb an die Südseite der Kirche, um seine reiche Architectur und Steinbildnerei besonders günstig hervortreten zu lassen, da in den meisten Fällen die Haupteingänge an der Westseite liegen.

Den Namen „goldne Pforte" wird das Portal im Volksmunde gewiss bald nach seiner Erbauung erhalten haben, besonders dann, als man seine schöne Architectur und Sculptur reich vergoldet und mit Farben bunt gemalt hatte. Dass diese Malerei und Vergoldung aber schon der ersten Bauperiode angehört, bestätigen zwei gemalte Ornamente, wovon sich das erste an den Grabsteinen der Auferstehenden im äussersten Bogen, das zweite aber an dem geraden Sturze der Eingangsthüre unter dem Tympanon befindet. Beide sind aus den neben stehenden Figuren zu erkennen.

Diese Verzierungen sowohl als auch die Vergoldung des Portales und die meisten Farbenreste werden nur sichtbar, wenn man sie anfeuchtet; dann aber erstaunt man über die grosse Frische der Farben und den dabei entwickelten Farbensinn, sowie über die ausserordentliche, bis in die tiefsten Stellen gehende Vergoldung, selbst da, wo sie nicht einmal vom gewöhnlichen Standpunkte des Beschauers aus gesehen werden kann. Ferner entdeckt man noch Spuren von reicher, vergoldeter Malerei auf den Gewändern der Maria und der drei Könige in dem Tympanon. Anfänglich, als die Vergoldung und die Farben der Malerei noch frisch waren, muss die Pracht des Portales eine sehr grosse gewesen sein; leider aber ist sie wohl bald dadurch beeinträchtigt worden, dass alles Nackte eine schwarze Farbe annahm, weil man hierzu Bleioxyde verwendet hatte.

Bei solchem Aufwand an Kunst in Architectur, Bildnerei und Malerei muss die Erbauung dieses Portales grosse Summen erfordert haben und die Aufbringung derselben lässt sich nur aus dem ausserordentlichen Reichthum des Freiberger Bergbaues erklären. Unzweifelhaft ist es daher auch, dass Markgraf Otto die Kirche gründete und dass das Beispiel seiner Freigebigkeit bei dem religiösen Sinne der damaligen Zeit unter den reichen Gewerken viele Nachahmung gefunden hat.

Noch ist hier einer muthmasslich späteren Benutzung der goldnen Pforte zu Schaustellungen von Heiligenbildern zu gedenken, da in den Thürgewänden sechs Löcher eingehauen waren, worin ein Holzgerüste befestigt worden sein mag, das vielleicht eine Art Thronhimmel gebildet hat. Bei einer solchen Schaustellung wird man auch die zwei, wie ausgeschnitten erscheinenden Stufen im Sockel an beiden Wandungen mit einem Podium von Holz ausgefüllt haben. Ebenso sieht man an dem Hauptgesims der zweiten Säule zu beiden Seiten des Portales eiserne Oesen, in welche ein Eisenstab gehangen werden konnte, an welchem sich ein Vorhang befunden haben wird.

Betrachten wir zunächst die goldne Pforte in ihrer architectonischen Anlage, so zeigt sich, dass vorzugsweise der romanische Baustyl zum Träger einer reichen Architectur geeignet ist. Die schräg eingehenden senkrechten Wandungen und die Laibungsflächen der Bögen, welche die ganze Thüröffnung im weiten Kreise concentrisch überspannen, sind vielfach rechtwinklig und gleichmässig vorspringend gegliedert, so dass, wie hier, Pfeiler und Säulen abwechseln können. Reich profilirte Sockelgesimse und Säulenbasen bilden den Fuss dieser Vorsprünge, die am oberen Ende durch ein einfaches Gesims bekrönt werden. Ein hohes karniesartig geschwungenes Zwischenglied mit einem kunstvoll durchbrochenen Blätterornament ziert dieses Hauptgesims. Zehn Säulen und acht Pfeiler bekleiden auf beiden Seiten der Pforte die schräg eingehenden Wandflächen und gewähren mit den, in gleichen Dimensionen gehaltenen, Vorsprüngen der Fuss- und Hauptgesimse von allen Seiten eine herrliche Perspective.

Die acht in den schrägen Wandflächen stehenden, sich nach oben verjüngenden Säulen sind alle von gleicher Höhe, doch reich und verschieden auf der Oberfläche ihrer Schäfte verziert. Die Kapitäle erinnern in ihrer Form an die korinthischen, doch auch sie sind nicht gleich in der Anordnung und der Form ihrer Blätter, sondern jedesmal nur die sich gegenüberstehenden von gleicher Gestalt.

Die erste oder Frontsäule an jeder Seite ist von schwächerem Durchmesser, auch ohne Verjüngung und Verzierung auf dem Schafte; doch ist ihr Fussgesims höher gestellt und vom gleichem Profil wie das der übrigen gleich hoben; aber ein reich decorirtes Kapitäl schmückt dieselbe. Diese Säule ist ebenso wie die anderen, mit zwei Blätterreihen über einander angeordnet, allein die Blätter durchschlingen sich gegenseitig und enden, spiralförmig aufgerollt, auf den beiden Ecken. Zwei phantastische, wolfähnliche Thierköpfe, deren blattähnliche Ohren sich an die Platte oder den Abacus der Säule anlegen, bilden die Voluten des Kapitäls; sie beissen mit ihren Mäulern in die Beerendolden, die sich zwischen den Blättern dieser Voluten enthüllen. Der Unterschenkel der zu diesen Köpfen gehörigen Thiere steht mit sehr fein ausgeführten viersehigen Krallenfüssen auf den umgerollten Blättern der untern Reihe des Kapitäls.

Die zweite Säule links und rechts ist im Schafte cannelirt. Die linke hat auf ihrer Oberfläche, so weit sie sichtbar ist, 14, die rechte hingegen nur 7 Cannelüren. Der Schaft der dritten Säule ist auf beiden Seiten rautenförmig stark erhaben und vertieft gemustert und reich profilirt in seiner Oberfläche. Dabei hat man jedoch die Abwechselung beobachtet, dass dasjenige Glied, welches auf der linken Säule erhaben hervortritt, auf der rechten Seite vertieft ausgearbeitet ist.

Die vierte Säule zeigt ihren Schaft im Zickzack ebenfalls stark erhaben und vertieft ausgearbeitet, doch sind beide sich gegenüberstehenden Säulen im Muster gleichförmig verziert.

Bei der fünften Säule endlich sind die Schäfte bandartig spiralförmig mit reichem Profil cannelirt, indem beide Säulen nach gleicher Richtung gedreht, was bei der sonst bemerkbaren und gesuchten Abwechselung auffällt.

In dem Obertheil der Pforte setzen sich die vier, in der schrägen Wandung des Unterbaues angeordneten, Säulen archivoltenartig fort; doch sind hier die Muster kräftiger hervorgehoben. Zwischen den Säulen dieser senkrechten Wandungen befinden sich rechtwinklig vortretende Pfeiler, deren Fuss- und Hauptgesims mit der Säule gleich formirt ist. Diese Pfeiler sind aber an ihrer obern Hälfte nischenförmig ausgekehlt, in der unteren hingegen stehen, (nur wenig mit dem hinteren Mauerkörper zusammenhängend), acht kleine, gleichhohe Säulen mit glatten Schäften und gleichen Fussgesimsen. Diese Säulen sind aber verschiedenartig an ihren Kapitälen mit Blätterwerk geziert und mit einer quadratischen Platte, dem Abacus, bedeckt, wovon eine Seite in die Frontlinie fällt. Sie dienen als Fussgestelle für acht Statuen von etwas mehr als halber Lebensgrösse.

Den Pfeilern und Säulen im Unterbau entsprechen nun im Oberbau eben so viele Archivolten von gleichen Profilen. Die Pfeilerarchivolten sind ebenfalls nischenförmig ausgehöhlt und mit Statuen ausgefüllt.

Die Thüröffnung ist mit einem geraden Sturz abgeschlossen, welcher jedoch auf den an ihrem oberen Ende consolartig vorgezogenen Thürgewänden aufruht und die bedeutende Weite der Auflagerpunkte verkürzt, auch die senkrechte Linie des Thürgewändes mit der wagerechten des Sturzes harmonisch vermittelt. Ueber diesem geraden Thürsturz befindet sich ein grosses halbrundes Bogenfeld (Tympanon), welches an seinem Bogenrande mit einem Blätterstab umzogen ist, dessen Schönheit in Form und kunstvoll durchbrochener Arbeit in diesem nicht sehr feinen Sandsteinmaterial wahrhaft bewundernswerth erscheint.

Was nun die Decoration dieses Portales mit Sculpturen betrifft, so ist sie nicht nur sehr reich damit ausgestattet, sondern auch von sinnvollster Bedeutung.

Fragen wir zuerst nach dem Hauptgedanken, welcher sich in dieser Pforte ausspricht, so kann er kein anderer sein, als die christliche Gemeinde auf die Gnade Gottes hinzuweisen, die ihr durch Christi Erscheinung zu Theil geworden ist und durch welche sie auf die Auferstehung des Leibes hoffen darf.

Die untere Abtheilung dieses Portales ist den Erscheinungen des alten Testamentes gewidmet. Sie ist versinnlicht durch acht Statuen, welche theils die Weisheit des wahren Gottes verkündigen, theils als Propheten in Bezug auf den zu erwartenden Gottessohn erscheinen und ihm seine Stege bereiten sollen. In der oberen Abtheilung hingegen finden wir im Schluss der Bögen die Dreieinigkeit durch Vater, Sohn und heiligen Geist dargestellt, durch deren Kraft die Christen dereinst aus ihren Gräbern erweckt werden sollen.

Die Darstellung im Bogenfelde (Tympanon) über der Thüre versinnbildet die Mutter Gottes, welcher die Kirche geweiht war.

Betrachten wir nun die Sculpturen näher und versuchen wir deren Deutung. Ueber den beiden ersten oder Frontesäulen des Portales sehen wir in liegender Stellung zwei grosse Löwen angeordnet. Sie können hier wohl keinen anderen Zweck haben, als den Wächterdienst am Eingange des Heiligthums zu verrichten. Ihre geöffneten Rachen scheinen für diejenigen gefahrdrohend, welche es wagen würden, unreinen Wandels hier einzutreten. Diese Löwen sind in einer der Natur nicht ganz entsprechenden Wahrheit abgebildet, ein Beweis, dass sie den damaligen Künstlern wohl nicht aus eigener Anschauung bekannt waren; denn bei der grossen Naturtreue, welche sich am Nackten des menschlichen Körpers, vorzüglich bei den Auferstehenden bis auf die Adern an den Armen erstreckt, hätte man diese sicher auch für die Löwen erwarten dürfen. Es ist übrigens kein Beispiel aus jener Zeitperiode bekannt, wo Löwen mit mehr Naturtreue dargestellt worden wären, als hier; ja ihre Gestalten sind bei den meisten Ueberresten, z. B. bei der Schottenkirche in Regensburg, oft bis zur Unkenntlichkeit und Caricatur herabgedrückt.

Was nun die acht Statuen betrifft, welche die vorbeschriebenen Nieschen im Untertheil des Portales ausfüllen, so sehen wir auf der linken Seite des Beschauers in der ersten: Prophet Daniel.[1] Er ist als einer der gefangenen Jünglinge Israels dargestellt, welche der König Nebucad Nezar (Prophet Daniel Cap. 1. 3 ff.) für seinen Hof auswählen und erziehen liess. Seine feine zierliche Gestalt hat eine leicht gewendete, fortschreitende Bewegung; die rechte Hand zieht den faltenreichen, mit einem Schloss auf der rechten Achsel befestigten Mantel in die Höhe, wodurch die reiche Beinbekleidung sichtbar wird. Die linke Hand hält ein Spruchband. Eine mit Bordüren und Edelsteinen geschmückte Mütze bedeckt den jugendlich schönen Kopf mit kurzgelocktem Haar. An der Fuss-, zugleich auch Kapitälplatte, worauf die Statue steht, ist ein Löwenkopf mit einer Mähne angebracht, die sich nach beiden Seiten an die Platte anschmiegt. Er deutet auf das Wunder Daniels in der Löwengrube. (Prophet Daniel Cap. 6. 1 ff.) Der Schluss der Nieschen über Daniels Kopf ist mit einem sich schnäbelnden Taubenpaare geziert. Wenn nun die Taube auch in der christlichen Symbolik als Sinnbild der Liebe, Unschuld, Sanftmuth u. s. w. betrachtet wird, so ist ihre Erscheinung hier wahrscheinlich auf die Tugenden der künftigen christlichen Kirche zu beziehen.

Die zweite Statue derselben Reihe ist: Die Königin von Saba. (In der Liebfrauenkirche zu Halberstadt ist sie mit Regina aust (Austriae) überschrieben. Sie kam aus fernen Landen, die Weisheit Salomo's zu bewundern. Mit einer Krone geschmückt, hält sie mit beiden Händen ein Spruchband über die Brust. Ein langes, faltenreiches Gewand lässt ihre edle Gestalt erkennen, die ein schönes ausdrucksvolles Gesicht ziert. An der Fussplatte ist der Oberkörper eines Affen abgebildet, welcher seine Vorderfüsse hinter die Ohren hält. Hier könnte wohl der Affe nicht nur auf ihr fernes Vaterland gedeutet, sondern auch als das Symbol des Luxus betrachtet werden, mit

[1]) Frühere Ausleger, u. A. Puttrich, Stieglitz und nach Letzterem Beuseler, hielten diese Statue für Jonas. Allein man hat bei der Restauration der Liebfrauenkirche zu Halberstadt (1844 bis 1846) im Langschiff zwischen den Fenstern alte Malereien entdeckt, worunter auch die kleinen Propheten sich befinden, welche mit den Statuen an der goldnen Pforte grosse Aehnlichkeit haben. Denn nicht nur ihre Stellungen, sondern auch ihr gleichzeitiges Vorkommen z. B. Daniels, Davids, Salomos, der Königin von Saba, der Ecclesia und Nahums ist überraschend und noch darum von besonderem Werthe, weil daselbst ihre Namen beigeschrieben sind. Nachricht hierüber giebt die Zeitschrift für christliche Kunst und Archäologie, Band II, die Beschreibung von v. Quast nach dem Kunstblatt von 1845, Seite 222.

welchem sie am Hofe Salomo's erschien. Ebenso lässt der ziemlich bartlose männliche Kopf in der Niesche auf das grosse Gefolge schliessen, mit welchem die Königin bei Salomo erschien. (1. Buch der Könige Cap. 10, 1 ff.)

Die dritte Statue dieser Reihe stellt den König Salomo dar.[*] Krone und Scepter bezeichnen ihn als König; auch er hält ein Spruchband in seiner rechten Hand. Es ist dies ebenfalls eine sehr schöne Statue mit vorzüglicher Gewandung. Der Kopf ist jugendlich männlich mit vollem, aber kurzem Haar geziert. (Hohes Lied Salomonis Cap. 3, 11 u. 1. Buch der Könige Cap. 5, 5. Cap. 6, 14.) Zu den Füssen befindet sich ein fabelhaftes Thier, wahrscheinlich das goldne Kalb darstellend, mit zwei Hinterfüssen, Schenkeln und Schwänzen auf jeder Seite der Platte. Dieses Thier bezieht sich muthmasslich auf den späteren Abfall Salomo's von dem wahren Gott. (1. Buch der Könige Cap. 11, 1 ff.) Der Kopf über der Niesche ist wieder ein männlicher, der, wie der vorige, über ein Brustgeländer herabzuschauen scheint und sich mit beiden Händen an demselben festhält. Vielleicht deutet er mit seiner lächelnden Miene auf den Beifall des Hofes bei dem Abfall Salomo's zur Abgötterei.

Die letzte, vierte, Statue dieser Seite ist ohne Zweifel Johannes der Täufer, was nicht nur durch sein kameelhärnes Gewand (Marc. Cap. 1, 4 bis 8), sondern auch durch das Schild, welches er mit beiden Händen über die Brust hält, dargethan wird (Joh. Cap. 1, 29). Auf diesem Schilde befindet sich das Lamm Gottes mit der Siegesfahne. Es ist eine würdige, bärtige Gestalt mit einem, nach dem Himmel schauenden, ausdrucksvollen Kopfe. Auf der Ecke der Fussplatte sieht man einen aufgerichteten, jugendlich-weiblichen Kopf, dessen Haare mit einem Stirnband zusammengehalten werden; er scheint das Volk Israel anzudeuten, welches künftig getauft werden soll. Die Niesche schliesst mit einem Widderkopf ab, der, wie die männlichen Köpfe, in den übrigen Nieschen über eine Mauer hervorzieht und seine Vorderfüsse zeigt. Laubwerk zieht sich aus seinem Maule nach beiden Seiten des Halses und verdeckt diesen. Der Widder bezieht sich entweder auf das Hirtenvolk, aus welchem Johannes stammt, oder enthält eine Hindeutung auf den Widder, welchen Abraham anstatt seines Sohnes opferte. (1. Buch Mos. Cap. 22, 13.)

Auf der rechten Seite des Portales sind folgende Statuen bemerkbar: Die erste, äusserste, ist der hohe Priester Aaron[*] mit langem Priestergewand, der Mitra auf dem Kopfe (Sirach Cap. 48, 4). Den blühenden Stab hält er in seiner linken, das heilige Oel in der rechten Hand. (3. Buch Mos. Cap. 8, 2. Daselbst Cap. 8, 7.) Die drei Köpfe auf der Fussplatte, nämlich ein alter bärtiger auf der Ecke und zwei jugendliche an beiden Seiten, können wohl nur und zwar die jugendlichen seine beiden Söhne, der alte bärtige aber einen aus den Aeltesten Israels darstellen (3. Buch Mos. Cap. 9, 1). Ueber dem Kopfe Aarons in der Niesche sind wieder jene zwei sich schnäbelnden Tauben sichtbar, wie sie schon bei Daniel beschrieben wurden. Hier könnten sie allerdings nur als Opferthiere betrachtet werden. (3. Buch Mos. Cap. 1, 14.)

---

[*] Sonderbar genug haben die meisten früheren Erklärer der goldnen Pforte diese Statue für eine weibliche gehalten, da doch das kurze Haar und das ebenfalls kurze Gewand hinlänglich die männliche Gestalt andeuten. (v. Quast hat sie zuerst richtig bezeichnet.)

[*] Pulitrich und Andere sehen in dieser Statue Abraham; allein nicht nur der blühende Mandelstab in seiner linken, sondern auch die Salbflasche (3. Buch Mose 8, 2. 1. Reg. 10. 1.) in seiner rechten Hand, an welcher allerdings früher der Hals fehlte, weshalb deren Rest für eine Kugel gehalten wurde, bezeichnen ihn als Aaron. Man könnte allerdings versucht werden, die als Oel- oder Salbflasche wieder hergestellte Kugel für die goldne Gelte (urna aurea) mit dem Manna, welche in der Bundeslade aufbewahrt wurde (2. Buch Mose 16. 33), zu halten; allein die Bruchfläche und der Henkelrest lassen keine andere Form, als die einer Flasche mit Hals und Henkel, erkennen.

Die zweite Statue dieser Seite ist eine weibliche mit Krone, Scepter und Spruchband; sie soll wahrscheinlich die Braut aus dem hohen Lied Salomonis, die E c c l e s i a (Kirche Christi), personifiziren. (Hohes Lied Salomonis Cap. 4, 1.)[4] Zu den Füssen sieht man Weinlaub mit Trauben. Da nun im hohen Liede Salomonis sehr oft (Cap. 1, 14. Cap. 2, 4. 15. Cap. 4, 10. Cap. 5, 1. Cap. 6, 10. Cap. 7, 8. 12. Cap. 8, 11. 12) Andeutungen von Wein, Weinstöcken, Weintrauben u. s. w. vorkommen, so kann hier keine andere Beziehung gefunden werden. — Unmöglich aber ist die Lösung des männlichen Kopfes über der Niesche, da an ihm nirgends ein besonderes Kennzeichen gefunden werden kann.

Die dritte Statue ist unbestreitbar der K ö n i g D a v i d mit Krone, Scepter, Harfe und Spruchband. Auf letzterem lässt sich noch der darauf geschriebene Anfangsbuchstabe D erkennen. Wir sehen hier wieder eine schöne, edle Gestalt vor uns mit einem faltenreichen Gewande. (1. Samuelis Cap. 16, 18.) Zu Davids Füssen ist ein männlicher unbärtiger Kopf dargestellt, welcher mit Blätterwerk so umhüllt ist, dass nur das Gesicht hervorsieht. Diese Blätter laufen nach beiden Seiten an der Platte fort. Die Bedeutung dieses Kopfes ist schwierig; — sollte er sich vielleicht auf den Schalksrath beziehen, welcher den König zu bösen Handlungen treibt? (Nahum Cap. 1, 11; 2, 1.) Die Niesche aber dem Kopfe ist mit einem Bärenkopf abgeschlossen, aus dessen Maul sich Blätterranken nach beiden Seiten hin verzweigen. Das zottige Fell und die vorderen, vierzehigen Tatzen sind ebenfalls in derselben Weise wie bei den übrigen Köpfen sichtbar. Der Bär scheint sich auf Davids Kampf mit demselben zu beziehen, als Vorbild Christi, der die Hölle besiegt. (1. Samuelis Cap. 17, 34 bis 37.)

Was die letzte Statue betrifft, so hat es die meiste Wahrscheinlichkeit für sich, sie für den P r o p h e t N a h u m zu halten.[5] Es ist eine junge, bartlose männliche Gestalt in leicht vorwärts schreitender Bewegung. Die rechte Hand fasst das Gewand und scheint es zu heben, damit es bei der Wanderung über die Gebirge nicht hinderlich werde; die linke hält ein noch ziemlich zusammengerolltes Spruchband. Der Kopf ist mit kurzem, glattem Haar bedeckt. (Prophet Nahum Cap. 2, 1.) Zu den Füssen des Propheten ist ein gekrönter bärtiger Mannesoberkörper angebracht, dessen Arme sich an beiden Seiten der Fussplatte anlegen, während die Hände nach den Ohren greifen. Der Rücken desselben, auf welchem der Prophet mit seinen Füssen mehr zu gehen scheint, ist wie zwei flache Berge dargestellt. Diese gekrönte Gestalt könnte auf den König von Assur deuten, welchem Nahum den Untergang vorhergesagt hat. (Prophet Nahum Cap. 3, 18.) Die Niesche schliesst wieder mit einem Bären, ganz in der Gestalt des beim König David stehenden. Sollte dieser Kopf hier nicht vielleicht als Symbol der Hölle oder auf den Teufel selbst gedeutet werden können, durch welchen die Stadt Ninive oder die üppige Menschheit überhaupt gegeisselt werden soll, welche durch ihren sündigen Wandel Gott missfällt? — Noch ist der beiden sehr zierlichen weiblichen Figuren zu gedenken, welche gemeinschaftlich als Träger des Thürsturzes an den, früher schon genannten, vorgreifenden Thürgewänden angeordnet sind und diesen gleichsam als Verkleidung dienen.

---

[4]) Sie ist bei P u t t r i c h und S t i e g l i t z, wie die Königin von Saba und der König Salomo, für eine der Fürstinnen aus der Erbauungszeit des Domes gehalten worden. B e u s e l e r glaubt, es seien biblische Frauen vorgeführt, z. B. Sara, Elisabeth und Rahel. W a a g e n, in seiner Schrift über Kunstwerke und Künstler in Deutschland, meint, es seien hier Sibyllen oder heidnische Prophetinnen mit Spruchbändern dargestellt. Der Umstand aber, dass sowohl in den Wandgemälden in der Liebfrauenkirche zu Halberstadt, als auch in der Wechselburger Schlosskapelle David mit der Kirche und Salomo mit der Königin von Saba zusammengestellt erscheinen, lässt auch hier keine andere Deutung zu.

[5]) Auch sie befindet sich unter den Wandgemälden der Liebfrauenkirche zu Halberstadt mit dem Namen „Naum" überschrieben.

Will man nun versuchen, die über dem Hauptgesims der Säulen und Pfeiler angeordneten Akroterien, welche zugleich den Uebergang der Säulen im Untertheile zu den Archivolten im Obertheile vermitteln, zu deuten, so stösst man auf grosse Schwierigkeiten, da sie zwar alle demselben architectonischen Zweck erfüllen, allein in ihren figürlichen Darstellungen so sehr verschieden sind. Sie stehen über den sechs inneren Säulen und stellen männliche und weibliche jugendliche Oberkörper dar, deren Hände die Stielenden reich verschlungenen idealen Blätterwerks halten, welche sich mit ihren Spitzen nach der Archivolte verzweigen und höchst kunstvoll ganz durchbrochen gearbeitet sind. Die Köpfe der sich gegenüberstehenden Akroterien sind sich in ihren Formen ziemlich gleich. Hiervon trägt die erste männliche rechts stehende eine Mütze, auf welcher sich ein Kreuz, wie von Tuch aufgenäht, befindet. (Die gegenüberstehende linke fehlte früher, ist aber der beschriebenen ähnlich wieder hergestellt worden.) Die zweite Akroterie ist auf beiden Seiten weiblich, der Kopf mit einem Tuch so umschlungen, dass nur das Gesicht frei bleibt. Die dritte endlich scheint wieder männlichen Geschlechts zu sein; beide sind ganz ohne Kopfbedeckung. Sonstige Attribute machen sich nur bei der zweiten Akroterie rechts bemerklich, indem sie mit ihren aufrechtgehaltenen Händen Fische in horizontaler Lage hält, welche sich mit Baumästen verbinden. Da nun der Fisch die christliche Kirche versinnbildet, so bleibt es räthselhaft, dass nur diese eine Akroterie mit einem Symbol dargestellt worden ist. [1]

Ueber der vierten Säule auf beiden Seiten der Eingangsthüre ist die Akroterie aus zwei Thiergestalten zusammengesetzt, nämlich aus einem Drachen und einem Löwen, welche beide zwar liegend, doch so dargestellt sind, dass sie sich mit einem ihrer Vorderfüsse bekämpfen. Dieses Symbol findet man öfters über den Thüreingängen angewendet, z. B. in Wechselburg an der westlichen Doppelthüre, doch dort nur in unnatürlicher roher Weise. Die Deutung liegt nicht fern, wenn man sich unter dem Löwen das Licht und unter dem Drachen die Finsterniss denkt. So würde sich denn auch hier am Eingange in das Heiligthum der Kampf des Lichtes mit der Finsterniss zeigen, den Gläubigen aber ist der Sieg des Lichtes dadurch versinnlicht, dass der Löwe eine feste Stellung am Eingange genommen hat.

Frühere Ausleger, unter Anderen Stieglitz und Puttrich, nennen diese Akroterien Schreckgestalten. Stieglitz sieht in ihnen Geister, welche sich einander gegenüberstehen, nämlich böse, welche dem Göttlichen Verderben drohen, und Schutzgeister, welche diesem entgegenwirken; doch weiss man nicht, wodurch sich die bösen von den guten Geistern unterscheiden sollen. Eine sinnvolle Bedeutung aber müssen diese Akroterien haben und können nie nicht blos als Decoration zu betrachten sein. Sollten sie nicht vielmehr auf die ewige Jugend der christlichen Kirche hindeuten, die sich wie ein Band aus dem alten Testamente in das neue hinüberzieht und hier ihren Glanzpunkt in der Erscheinung Christi findet?

Den Mittelpunkt und Hauptschmuck des ganzen Portales bildet nun das Bogenfeld (Tympanon) über der Eingangsthüre. In der Mitte sitzt Maria auf einem Thronsessel, das Christkind auf ihrem Schooss. Ihr linker Arm schlingt sich um dasselbe, während die rechte Hand dem Kinde

---

[1] Herr Pastor Otte in Fröhden theilt mir brieflich mit, dass diese Akroterie mit den Fischen nach einer Sirene darstellen könne. Eine ähnliche Darstellung soll sich nämlich in der Kirche zu Conrath in Frankreich vorfinden. In andern französischen Beispielen hält die Sirene in der rechten Hand ein Messer, in der linken einen Fisch, — (im Kreuzgang Sct. Aubin) ganz in dem Geiste der goldnen Pforte. Ueber die Sirenen macht Herzadis von Landsperg zu Ende des XII. Jahrhunderts (vergl. Engelhardt Herrad von Landsperg, S. 45 ff.) die Bemerkung, dass dieselben auf die vielerlei Gefahren bezogen werden, durch welche Christus die Ecclesia als seine Vermählte in den Weinkeller der Seligkeit (nach dem hohen Liede) einführt. Herrn Pastor Otte's Meinung nach kann deshalb über die Anwendbarkeit dieser Deutung auf die Sirene der goldnen Pforte kein Zweifel sein.

eine Kugel vorhält. Das Christkind hält seine rechte Hand wie segnend empor. Rechts und links neben dem Kopfe der Maria ist die Fläche des Bogenfeldes mit zwei schwebenden Brustbildern von Engeln ausgefüllt, welche beide auch Kugeln in den Händen halten, die hier aber wohl nur die Planeten darstellen können. Sie müssen sich also auf das Weltall beziehen, welches durch Jesum Christum der Gnade Gottes theilhaftig werden soll. Zur linken Seite der Maria steht ein Engel als Himmelsbote mit einem Scepter in der rechten Hand; ihm zur Seite sitzt Joseph. Die rechte Seite dagegen ist mit den heiligen drei Königen ausgefüllt, welche ihre Geschenke knieend darbringen. (Matth. Cap. 2, 1 ff.) Es zeigt sonach die ganze Composition des Bogenfeldes den Eintritt des Heilandes in die Welt zum Heile der Menschheit, wie diess durch die Propheten im alten Testamente vielfach verkündigt worden ist.

Die über diesem Bogenfelde sich nach vorn erweiternden Bogenfriese sind halbrund ausgekehlt und ganz mit Figuren ausgefüllt. Die Mittel- oder Schlussgruppen aller vier Friese deuten auf die Offenbarung. Sie bilden die Dreieinigkeit Gottes in den Personen Gottes, des Vaters, des Sohnes und des heiligen Geistes. Wer an sie glaubt, wird in das Himmelreich eingeben. Es ist daher im äussersten Bogen ein Engel so dargestellt, wie er die Todten vor den Richterstuhl Christi führt. (Marc. Cap. 13, 27.)

Betrachtet man diese figurenreiche Bogenausfüllung genauer, so bemerkt man in dem innersten Bogenfries als Schlussstein Gott, den Vater, im Brustbild, mit langem Bart und mit einem Heiligenschein, auf welchem wieder ein Kreuz sichtbar wird. Er setzt der Maria mit seiner rechten Hand die Krone auf's Haupt, mit der linken aber reicht er einem Engel das heilige Evangelium dar.[*] Das Kreuz auf diesem Heiligenschein soll wohl andeuten, dass Maria's Sohn zum Heile der sündigen Menschheit dem Kreuzestode geweiht war. Zu beiden Seiten dieses Schlusssteines sind vier Engel als Diener der göttlichen Majestät angeordnet. Sie halten alle vier in der einen Hand Lilienstäbe, zwei derselben mit der anderen Hand Kugeln und einer einen Scepter, welche Symbole zusammengenommen immer wieder die Herrschaft Gottes über Himmel und Erde darstellen sollen.[*]

Im Schlusse des zweiten Bogenfrieses ist der Sohn Gottes dargestellt, wie er als Kind von einem Engel getragen wird. Links befindet sich Zacharias, an dessen Schooss sich der kleine Johannes anlehnt. Zu beiden Seiten reihen sich, und zwar auf jeder Seite drei, heilige Väter, auf Sesseln sitzend, an diesen Schlussstein an. Sie scheinen zu verkünden, dass Christus zum Heiland der Welt bestimmt sei und sie bereit sind, ihm zu dienen. In ihren Händen halten sie theils Spruchbänder, theils Bücher, in welche die Thaten des Heilandes aufgezeichnet werden sollen.

Im dritten Bogen finden wir das Sinnbild des heiligen Geistes durch eine Taube ausgedrückt; hinter ihrem Kopf ist ein Heiligenschein, ebenfalls mit einem Kreuz, sichtbar. Sie ist von zwei Engeln umgeben. Unter diesen Engeln bemerken wir auf jeder Seite vier Apostel, welche, als Stellvertreter der übrigen, die Ausgiessung des heiligen Geistes empfangen haben. Diese würdigen Apostelgestalten halten, ebenfalls auf Sesseln sitzend, theils Bücher, theils Spruchbänder in

---

[*] Bei Puttrich ist dieses deutlich zu erkennende Buch fälschlich für einen Baustein der Kirche gehalten worden.

[*] Zwei dieser Engel, auf jeder Seite einer, sind neu wieder hergestellt und eingesetzt worden, da sie, ob durch Zufall oder aus Muthwillen, bleibt ungewiss, schon seit langen Jahren abhanden gekommen waren. Wie wenig man überhaupt den archäologischen und den grossen Kunstwerth dieses Portales in früherer Zeit erkannte, geht daraus hervor, dass man in den Kriegsjahren (1811 bis 1813) sämmtliche Kreuzgänge zu Bau- und Strohmagazinen benutzte, ohne die goldne Pforte zuvor durch eine Breterwand zu sichern. In dieser Zeit mögen wohl die Beschädigungen entstanden sein, da man ohne Schwierigkeit an jeden Punkt der Pforte gelangen konnte.

ihren Händen; auf der rechten Seite ist Petrus mit einem Schlüssel und einem Kreuzstabe ganz unverkennbar bezeichnet.

Im vierten der äussersten Bogen endlich empfängt, wie schon erwähnt, ein Engel die aus ihren Gräbern auferstehenden Todten mit beiden Händen, um sie vor den Herrn zu führen. Dadurch, dass diese Auferstehenden alle in noch jugendlichem Alter dargestellt worden sind, hat man wahrscheinlich andeuten wollen, dass sich das Menschengeschlecht im Grabe wieder verjünge.

Ganz besonders aber verdient hervorgehoben zu werden, dass mit einer erstaunenswerthen Kenntniss und Feinheit die Anatomie des nackten Körpers wiedergegeben worden ist, die sich an manchen dieser Gestalten bis auf die Adern, vorzüglich an den Armen, erstreckt. Ebenso sind auch die Köpfe und Gesichter mit besonderem Ausdruck ausgeführt. Ueberhaupt bemerkt man an der Ausführung aller Theile dieses Portales die reiche Begabung der Künstler und den mit Begeisterung geführten Meisel, der selbst das sehr spröde Sandsteinmaterial sich dienstbar zu machen verstand. Dazu kommt ferner die Schwierigkeit, welche darin besteht, dass das ganze Portal, vielleicht mit Ausnahme der acht Statuen und der Säulenschäfte, zunächst aus Mauerwerk roh aufgeführt und erst später in seinen Formen ausgearbeitet worden ist. Auch sieht man nirgends reparirte Theile, obwohl kunstreich durchbrochene Ornamente zu Brüchen leicht Veranlassung geben konnten.

So stellt dieses herrliche Portal in umfänglichster Weise die Bestimmung des Gotteshauses höchst sinnig dar, und alle Kunstkenner ersten Ranges betrachten es als ein Werk, das nicht nur hinsichtlich seiner Conception, sondern auch seiner technischen Ausführung wegen von unschätzbarem Werthe ist und zu den ausgezeichnetsten Werken der damaligen Zeit gehört. Es gewinnt aber um so grössere Bedeutung, als die Kunst damals im Allgemeinen auf einer niederen Stufe der Ausbildung stand und kein anderes Land so Gediegenes aufzuzeigen hat. (Man vergleiche die im Anhange gesammelten Notizen aus den vorzüglichsten neueren Werken über die Geschichte der Kunst in den deutschen und in anderen Ländern.)

Im hohen Grade bedauerlich ist, dass man, trotz der genauesten Durchsuchung aller Steine, auf keinen Namen, oder auch nur auf ein Monogramm gestossen ist, das über den oder die Künstler Aufschluss geben könnte. Nur an der linken Seite des Portales an dem Sockel der Frontsäule ist ein ⅛ Zoll tief eingehauenes, 9 Zoll hohes griechisches Kreuz gefunden worden. Welchen Zweck dasselbe hier haben könnte, ist bisher nicht zu enträthseln gewesen. Nun bemerkt man zwar noch im Lichten des rechten Thürgewändes ein romanisches M nur wenig vertieft eingearbeitet, welches sich auf den Baumeister der Pforte beziehen könnte, und eben so darunter ein etwas kleineres gothisches H I, welches dem bekannten Baumeister des jetzigen Domes, Hans Irbisch, angehören würde; es sind jedoch die Buchstaben nicht kräftig genug eingehauen, als dass man hierauf besonderen Werth legen dürfte, da sie auch von späteren Bauleuten zufällig dort eingravirt worden sein können.

Zugleich ist hier der Ort, noch zu bemerken, dass man bei der Untersuchung des defect gewordenen Kirchenpfeilers an der linken Seite der goldnen Pforte zufällig das Sockelgesims der alten Giebelmauer fand, in welche die goldne Pforte anfänglich eingebaut war. Nur in sehr geringer Entfernung von diesem war kurz zuvor der neue Sockel von der Umrahmung des Portales angeordnet worden.

Die erst jetzt dem Portale vorgebaute Freitreppe war früher nicht vorhanden, wie diess die Grundmauer der goldenen Pforte, welche beim Abgraben des Terrains blosgelegt wurde, bestimmt nachweist; man hat aber jetzt durch diese Stufen eine schöne Hervorhebung des Portales erzielen wollen, zumal der Raum es leicht gestattete. Der obere Abschluss des Portales ist ebenfalls ideal ergänzt worden, wobei man sich in den Grenzen des romanischen Styles zu halten suchte.

Nun könnte noch die Frage entstehen, ob dieses reiche Portal nicht früher durch eine Bronzethüre geschlossen war; — allein hierzu müssten stärkere Haken vorhanden gewesen sein, als man vorfand. Die sehr defecte, zwar eichene, aber wohl erst aus der Zeit von 1600 herstammende Thüre war in neuerer Zeit mit welchem Holze reparirt und unbegreiflicher Weise schwarz angestrichen worden; man hat sie daher durch eine neue aus gleichem Material ersetzt.

Wir gehen hiernach zu der inneren Decoration der Kirche über. Legen wir den Maassstab des Reichthums an decorativer Sculptur, welchen die goldne Pforte darbietet, auch an das Innere der Kirche, so werden wir uns hiervon mit Hülfe der wenigen Ueberreste aus jener Zeit folgendes ungefähre Bild entwerfen können, wobei die Schlosskapelle in Wechselburg immer als Vorbild für unseren Restaurationsversuch dienen muss.

Beim Eintritt in die Kirche durch das Westportal (A) Taf. I. Fig. 1. führen, wie schon bemerkt, 5 Stufen in das Mittelschiff. Doch befinden wir uns zuvörderst in einer niedern überwölbten Vorhalle zwischen den beiden Thürmen. Diese Vorhalle war an ihrer östlichen Grenze durch eine Säule unterstützt, welche die Widerlager von zwei Gurt-Bögen trug (Taf. III. Fig. 7. a u. b), die sich an die gegenüberstehenden Thurmmauern anspannten. Die Decke dieser Vorhalle war mit Kreuzgewölbe überspannt. Ueber der Vorhalle befand sich eine Empore, welche in späterer Zeit zum Orgelchor diente. Die Balustrade dieser Empore scheint durch Wandsäulen in 12 verschiedene Felder getheilt gewesen zu sein, in welchen die zwölf Apostel in Hochrelief dargestellt waren, so dass die ersten sechs von rechts nach links, die übrigen sechs von links nach rechts gegen die Mitte in fortschreitender Stellung sich befanden. Von diesem Apostelgange ist noch eine Platte mit zwei derselben und mit einer Säule im Mittel im Gymnasium eingemauert erhalten worden (Taf. IV. Fig. 29). Ihrer Dimension nach passt diese Platte genau in die Länge der genannten Balustrade. Die Mitte über der, wahrscheinlich eben so reich verzierten Säule, wie wir sie in der Wechselburger Schlosskapelle sehen, nahm vielleicht die Statue des Heilandes ein. Dieser vorerwähnte Balustradenüberrest lässt in der edlen Haltung der beiden Gestalten, deren eine einen Lilienstengel trägt, sowie in deren Gewandung, den hohen Kunstwerth der goldnen Pforte deutlich erkennen.

Verlässt man diese Vorhalle, so tritt man in das hohe Langschiff ein. An jeder Seite gewahren wir vier starke Pfeiler von quadratischer Grundform, die durch Bögen verbunden sind, welche ihrerseits wieder die hohen Umfassungsmauern des Langschiffes tragen. Einfache Kreuzgewölbe, doch mit reich profilirten Graden, wovon viele Reststücke im Grunde eines später zu erwähnenden Gebäudes gefunden wurden, bildeten die Decke dieses Raumes. Zu beiden Seiten dieses Mittelschiffes sah man durch die Pfeiler in die niedrigen, doch ebenfalls gewölbten Nebenschiffe.

Am dritten Pfeiler der nördlichen Seite des Langschiffes mag sich die Kanzel von gleicher Gestalt mit der Wechselburger befunden haben; denn auch hiervon ist uns ein Ueberrest in einem Hochrelief erhalten worden, welches das Wunder Mosis mit der ehernen Schlange darstellt (4. Mos. 21, 8 ff.), siehe Taf. IV. Fig. 28. Vergleicht man dieses Hochrelief mit dem ganz ähnlichen Gegenstande an der Wechselburger Kanzel, so zeigen sich an jenem sechs, an der letzteren aber nur vier Figuren und zwar in ganz ähnlichen Stellungen. Doch ist die Richtung der Statuen eine entgegengesetzte. Aus dem sehr ausgewitterten Ueberreste, auf welchen die Traufwasser eines hohen Daches drei und ein halbes Jahrhundert lang sich ergossen haben, ist dennoch dessen einstige

Schönheit in Entwurf und Ausführung zu erkennen, und wir dürfen für unsere Vorstellung dieselbe Meisterschaft wie bei der Kirche zu Wechselburg in Anspruch nehmen.

Da, wo das Langschiff endet, schliesst sich das gleichhohe Querschiff an. Vier starke Pfeiler tragen auf der Vierung oder in der Durchkreuzung des Lang- und Querschiffes einen Kuppelbau, welcher über den Dächern in einem Thurme endigt. Taf. II. Fig. 1.

Setzen wir nun unsere Wanderung nach dem hohen Chore fort, so wird uns der Altar als ein mächtiges Bauwerk in die Augen fallen; denn auch dieser war dem zu Wechselburg gleichgestaltet und bestand demnach aus zwei Abtheilungen, nämlich aus einem Unter- und einem Oberbau (Taf. IV. Fig. 22 und 23). In der Mitte des Unterbaues befand sich der Altartisch. Wahrscheinlich war er aus Stein war einfach mit Lisenen und Gesimsen an seinen Wandflächen verziert. Ueber dem Altare mag sich in dem grossen Bogenfelde ein schönes Hochrelief, vielleicht mit der Darstellung der Verkündigung Maria's (Lucas 1, 26 ff.) befunden haben, da ja die Kirche der heiligen Jungfrau geweiht war und wir daher an dieser heiligsten Stelle die wichtigste Scene ihres Lebens uns vergegenwärtigt denken müssen. Zu beiden Seiten des Altartisches führen offene, mit Säulen verzierte Durchgänge in die grosse Apsis oder Altarnische. Auf diesem Unterbau erhob sich nun in bedeutender Ausdehnung im Mittel eine Bogenöffnung, zu beiden Seiten dagegen niedere Wände mit je zwei Flachnieschen auf jeder Seite, die durch Säulen von einander getrennt und reich decorirt waren. Diese Flachnieschen müssen wir uns mit Statuen ausgefüllt denken, wovon uns wieder zwei am Gymnasium eingemauerte und hierher gehörige (Fig. 25. a u. b) erhalten worden sind. Sie haben ¾ Lebensgrösse; wen sie aber darstellen (a ist eine männliche, b eine weibliche Figur), ist nicht zu enträthseln, weil beiden der Kopf fehlt und weil auf den Spruchbändern, die sie in den Händen halten, keine Namen zu erkennen sind. An der Statue Fig. 25. b sieht man noch die Spuren eines Gegenstandes, welchen sie mit der nach der Brust erhobenen linken Hand getragen hat. Wahrscheinlich sind es ebenfalls Gestalten des alten Testamentes, weil ihnen die Heiligenscheine fehlen, die überhaupt an dieser Kirche bei keiner alttestamentlichen Persönlichkeit vorkamen. Beide Statuen gehören übrigens nicht einer und derselben Bauperiode an, da die mit a bezeichnete die Zeit der goldnen Pforte nachweist, während die zweite b schon der Verfallzeit des romanischen Baustyles angehört, was sowohl ihre Stellung, als der steife Faltenwurf der Gewandung bezeugen. Wahrscheinlich ist sie erst, gleich wie die sofort anzuführenden grossen Statuen aus Holz, beim zweiten Aufbau der Kirche nach dem ersten Brande 1386 entstanden. [10]

Die Mitte des ganzen Altarbaues bildete eine Art Triumphbogen, worin wahrscheinlich die Mutter Gottes in übermenschlicher Grösse gestanden haben mag. Dieser mit einem horizontalen Gesims bedeckte grosse Bogen des Oberbaues war nun mit den schon vorerwähnten drei Colossal-Statuen des gekreuzigten Heilandes, Marias und Johannis geziert (Fig. 24. a und b). Sie sind zwar jetzt noch vorhanden, allein im Königlichen Alterthums-Museum zu Dresden aufbewahrt worden, wohin sie mit einer grossen Menge anderer Statuen gegen Revers abgegeben wurden, da man im Jahre 1840 in Freiberg zur Aufbewahrung dieser Gegenstände kein geeignetes Local auffinden konnte.

[10] In dem Schriftchen: „Nicolaus Haermann, der Freund Luthers" von O. G. Schmidt, Leipzig 1860 ist Seite 69 bemerkt: „Noch vor hundert Jahren waren an dem Schulgebäude zu Freiberg zwei steinerne Bilder eingehauen, das eine Mosen, das andere Christum darstellend. Dem ersteren war der Kopf abgeschlagen und einer Sage zufolge hatte dies Schenk (der erste protestantische Superintendent Freibergs) gethan." Die Deutung dieser Figuren ist aber sehr irrthümlich; denn die mit a bezeichnete ist kein Moses. Man hat nur das Spruchband für die Gesetztafel gehalten; auch mag der Kopf schon zur Zeit der Einmauerung der Statue in die Wand des Gymnasialgebäudes gefehlt haben. Die andere Statue aber ist eine weibliche, ebenfalls ohne Kopf und, wie schon früher bemerkt, ohne Heiligenschein; sie kann daher Christum nicht vorstellen.

Diese drei Statuen sind aus Eichenholz geschnitzt, die Fleischtheile gemalt, die Gewandung aber vergoldet. Ihre, im Verhältniss zur Höhe nur schmale, Gestalt konnte erst durch einen hohen Standort ihr natürliches Ebenmass erhalten; auch spricht die tiefe Unterarbeitung der Gewänder für denselben. Das Kreuz des Heilandes ist nicht auf unsere Zeit gekommen, doch können wir es uns wohl von ähnlicher Gestalt wie das Wechselburger und eben so reich mit Figuren geschmückt denken. Vergleicht man nun diese Statuen der Maria und des Johannes mit denen in Wechselburg in Bezug auf Stellung und Handlung, so erscheinen sie an beiden Orten ganz gleich in ihren Actionen; nur die Symbole zeigen eine Verschiedenheit, da sie an den Freiberger Statuen durch Thiere, nämlich bei der Maria mit einer Schlange, als dem Sinnbilde des bewältigten Judenthums, bei Johannes aber durch ein Fabelthier mit Kalbskopf, das Heidenthum darstellend, ausgedrückt worden sind, während die Wechselburger Statuen auf Menschengestalten stehen, welche gleiche Deutung zulassen. In Bezug auf künstlerischen Werth stehen natürlich die Wechselburger auf einer höheren Stufe, als die einer späteren Zeit angehörigen Freiberger Statuen, weil letztere nicht nur eine gewisse Steifheit in der Stellung und im Faltenwurfe der Gewandungen, sondern auch in den Gesichtern wenig Ausdruck erkennen lassen.

Den architectonischen Theil des Altares betreffend, so ist dieser eben so originell als grossartig; auch war er gewiss mit reichen Ornamenten an allen passenden Stellen verziert und entsprach dem Kunstwerthe der goldnen Pforte vollständig. Einen besonderen Reiz wird er durch seine Farbenpracht und Vergoldung erhalten haben, die hier um so mehr von Wirkung sein musste, als der ganze Altarraum hauptsächlich nur aus der Chornische erhellt wurde.

Leider fehlen uns für beide Kirchen, sowohl für die Freiberger als für die Wechselburger, alle Spuren einer Wandmalerei, die gewiss, eben so wie bei der Liebfrauenkirche zu Halberstadt, die Wände einst bedeckt haben mag; denn es lässt sich wohl vermuthen, dass der Reichthum der Sculptur in gleichem Verhältniss mit dem der Malerei stand.

III. Abtheilung.

Zweite Bauperiode. Vom Jahre 1386 bis 1484.

Nach Mollers Chronik soll Freiberg im Jahre 1375 der erste und im Jahre 1386 der zweite grosse Brand betroffen haben, bei welchem letzteren alle Kirchen und Glocken zerstört worden sind. Es lässt sich also aus dieser Nachricht mit Bestimmtheit schliessen, dass unsere Pfarrkirche bei jener Gelegenheit ebenfalls zerstört worden ist. Glücklicherweise wurde jedoch die goldne Pforte und, nach den Ueberresten zu schliessen, auch noch ein Theil des hohen Chores, wenn auch etwas beschädigt, erhalten. Der Wiederaufbau erstreckte sich nun, wo es noch möglich war, auf Reparatur des Beschädigten im romanischen und auf völligen Neubau im gothischen Styl. (Man vergleiche hiermit den Grundplan Taf. I. Fig. 2.) Zu den ersteren, nämlich den romanischen, Ueberresten sind nun wohl auch die zwei starken Pfeiler mit den drei capitälähnlichen Verzierungen an ihren verbrochenen Ecken auf der Vierung der Kreuzarme zu zählen, wovon einer Taf. III. Fig. 18. dargestellt worden ist. Die Verzierungen an den verbrochenen Ecken bezeichnen nicht nur durch ihre Form, sondern auch durch ihre Ausführung die Verfallzeit des romanischen Styles. Der zweiten Bauperiode mögen die, schon in voriger Abtheilung erwähnten, Statuen im Oberbaue des Altares angehören.

In die gleiche Periode des romanischen Baustyles fällt der Taufstein, welcher jetzt in dem rechten Seitenschiffe, neben dem grossen Treppenthurme steht (Taf. 4. Fig. 30.); er ist von roher Arbeit. Am kreisrunden Fusse desselben erheben sich zuerst einige Sockelgesimse von einfacher romanischer Form. Auf diesem Sockelgesims liegen, einen kleinen Berg bildend, vier, oben und unten zusammengerollte, dreiseitige Platten, in der Mitte durch eine Rippe getheilt, nach beiden Seiten aber mit Schlitzen durchbrochen. In den vier Zwischenräumen bewegen sich fortschreitende Kindergestalten mit Mönchskutten und Caputzen bekleidet. Ueber diesem Fussstücke erhebt sich ein Mittelstück von quadratischer Form, welches an jeder Ecke mit einem menschlichen Gesichte endigt. Den Oberthel bildet eine flache Schaale, von einer grossen Perlenschnur umzogen, und ist sie so aufgesetzt, dass zu ihrer Unterstützung noch vier eiserne Stützen bis in den Unterbau untergestellt werden mussten. Der ganze Taufstein ist in schwerfälliger Form ohne bedeutsame Verzierungen in Sandstein ausgeführt und nicht gemalt gewesen. Wo er früher seinen Standort gehabt, ist nicht anzugeben.

Der mittlere hohe Chorraum mit seiner Apsis und der untere Theil des Altares mögen bei dem ersten Brande stehen geblieben und im romanischen Styl wieder hergestellt worden sein; doch sind die beiden kleineren Apsiden im Querarm abgetragen und an deren Stelle, sowohl nördlich als südlich, zwei Kapellen angebaut worden, wovon die südliche die Allerheiligenkapelle (Moller I. Seite 117), die nördliche die Sakristei bildete. Aus der ersten Bauperiode sieht man noch jetzt im Dachraume das abgehauene Gewölbe der nördlichen kleineren Chornische und aus der zweiten ein Stück Gurtbogen aus der Mauer hervorstehen. An der südlichen Chormauer hingegen lassen sich ebenfalls im Dachraume die Schildmauern eines gothischen Kreuzgewölbes erkennen, von welchem auch noch einige, jedoch am oberen Ende abgebrochene Fialen (Pfeilerpyramiden) übrig geblieben sind. Ferner hat auch der nördliche starke Strebepfeiler äusserlich an der östlichen Mauer des Querarmes noch eine Giebelverdachung mit aufgesetzter Blume, welche dieser Periode angehört.

In welcher Länge und in welcher Gestalt die Schiffe der Kirche nach der Westseite sich damals erstreckten, ist durch Ueberreste nicht zu ermitteln; doch mögen die neuen Pfeiler wieder auf den Grund der früheren gestellt worden sein und es ist zu vermuthen, dass die vier starken Pfeiler auf der Vierung der beiden Hauptarme des Kreuzes, welche die Gewölbe trugen, noch gestanden haben, da sie ihr ehemaliges Dasein auch in der dritten Periode verkündigen.

Endlich ist auch im vorigen Jahre beim Abgraben des Terrains bei der goldnen Pforte, auf dem sogenannten grünen Kirchhofe, ein breiter, tiefer Grundbau eines kleinen Gebäudes aufgedeckt worden (Taf. I. Fig. 2. E.), welcher in seiner grössten Masse aus Ueberresten romanischer Gurt- und Gratbogen von bedeutender Spannweite bestand, deren Profilirungen die Figuren 13. bis 17. auf Taf. III. andeuten. Auch fand man daselbst noch viele Schaftstücke der Winkelsäulen, welche die Gewölbe des hohen Querschiffes getragen haben. Dieses kleine Gebäude (E) von höchstens 10 Ellen Länge und 8 Ellen Tiefe mag wohl die frühere Sct. Annakapelle gewesen sein, welche nach 1509 mit den Kreuzgängen verbunden worden ist.

Vorgenannte Kapelle lag mit ihrem Fussboden um 6 Stufen höher, als der Fussboden der Kirche, weil man in dieser Höhe von ihren Umfassungsmauern noch keine Spur auffand.

Ein Stück Fenstersturz in Kleeblattform (Taf. III. Fig. 19.), das ebenfalls im Grunde der Kreuzgänge aufgefunden ward, mag zu dieser Kapelle gehört haben. Glücklicherweise hat man bei Errichtung dieses Gebäudes, welches sich unmittelbar an die westliche Seite der goldnen Pforte anschloss und die Hälfte der freistehenden ersten Säule sowie den Löwen verdeckte, den vermauerten Theil zuvor nicht abgeschlagen; denn er kam beim Abbruch der Mauer vollständig erhalten wieder zum Vorschein, doch muss die Ansicht der goldnen Pforte durch diesen Anbau sehr beeinträchtigt worden sein, woraus man abnehmen kann, dass man auf sie damals keinen besonderen Werth mehr legte.

Zu jener Zeit kann überhaupt die Kirche kein einheitliches Bild gegeben haben, da der hohe Chor mit seiner Apsis im romanischen Styl noch sichtbar war, die angebaute Kapelle aber dem gothischen Style angehörte. Indess trat dieser Fall zu jener Zeit öfter ein, wie diess eine Menge Kirchen (auch in den ehemaligen sächs. Landen), z. B. der Dom zu Freiburg an der Unstrut und andere, bezeugen. Dass aber unsere Pfarrkirche immer noch ein stattliches Gebäude sein musste, geht aus dem Umstand hervor, dass man sie 1480 zur Domkirche erhob und mit grossen Feierlichkeiten einweihete. Doch nicht lange sollte sich Freiberg seiner jetzt zum Dom erhobenen Pfarrkirche erfreuen, da schon im Jahre 1484 beim vierten allgemeinen Brande der Stadt dieselbe fast gänzlich verwüstet ward.

Moller führt in seiner Chronik, I. Abthlg. S. 50 Folgendes darüber an: „Es ist aber ge-„dachter vierter Brand der Stadt geschehen Anno 1484, Montags nach Corporis Christi, da fast „die ganze Stadt ausgebrannt und die alte Frauenkirche, welche im dritten Brande 1473 unter „allen Kirchen allein ohne Schaden stehen blieben, zugleich in die Asche gelegt worden. Damals „nun hat man auf Anordnung Ihrer Fürstlichen Gnaden, Herzog Albrechts zu Sachsen, angefangen, „was an Brandmauern hinterblieben, abzutragen, die Kirche zu erweitern und das jetzige Thum-„gebäude anzulegen, darzu seien hin und her viel Almosen gesammelt worden, also dass auch letzt-„lichen zu mehrerer Beförderung des ganzen Werkes Pabst Sixtus IV. Anno 1491 einen beson-„deren Indulgenz-Brief ertheilt, darinnen gedacht wird, dass die Kirche in Feuer verdorben und zu „Wiederaufführung derselben er verwillige und zulasse, dass Diejenigen, so jährlich den 20sten Theil „eines Rheinischen Güldens (war damals ein alter Groschen und Heller) darzu verehrten, die ganze „Faste durch und alle Quatember und heilige Abende Butter- und Milchspeisen essen möchten, „welches sonst selbige Zeit verboten war, und sollte berührte Verwilligung und Gnade auf 20 Jahre, „von Anno 1491 an zu rechnen gültig sein, doch also dass der vierte Theil von einkommenden „Geldern nach Rom zu Verbesserung Sct. Peters-Münster geschickt werde."

Man war nun nicht allein durch diesen fast totalen Brandschaden, sondern auch durch die bedeutend gestiegene Einwohnerzahl Freibergs, welche nach Sebastian Münsters Cosmographie vom Jahre 1575, Seite 1475, zu 32,763 Personen, so übers 12. Jahr alt waren, betragen hat, genöthigt, diese Hauptkirche zu vergrössern. Hiernach sehen wir sie denn nicht sowohl in ihrer Länge, als besonders in ihrer Breite über die Grenzen des bisherigen Gebäudegrundes hinausgerückt. Wir gelangen nun zum Neubau des gegenwärtigen Domes.

IV. Abtheilung.

Dritte Bauperiode. Vom Jahre 1484 bis in die Jetztzeit,
mit Ausnahme des hohen Chores, welcher zwischen 1585 bis um 1592 verändert wurde.

(Hierzu der Grundriss auf Taf. I. Fig. 3.)

—◦◦◦◦◦—

Auch bei diesem zweiten Brande der Kirche hatte ein guter Genius über der goldnen Pforte gewaltet, denn sie blieb mitten in dem Feuermeer unbeschädigt und konnte daher wieder die Zierde des neuen Domes bilden. Wie die meisten spätgothischen Kirchen wurde der neue Dom mit drei gleichhohen Schiffen erbaut (Taf. 3. Fig. 12. a und 12. b), von denen das mittelste breiter erscheint, weil die starken Strebepfeiler von den äusseren Umfassungsmauern in die Seitenschiffe vorspringen. An der Westseite erbaute man zwei starke Thürme, jedoch so, dass der südliche weit vor die Umfassungsmauer der Kirche vortritt und nur die Haupttreppe nach der Emporengallerie enthält. Von der alten niedergebrannten Kirche konnten zum zweiten Male die Mauern des hohen Chores wieder benutzt werden und hat man deshalb die früheren Dimensionen nach Länge, Breite und Höhe hierzu beibehalten können. Statt der halbkreisrunden, nach Osten ausgebauten Chornische wurde aber ein polygonischer gothischer Ausbau von fünf gleichen Seiten angeordnet, wie er schraffirt im Grundriss Taf. I. Fig. 3. angedeutet worden ist.

Wenn man nun von der westlichen Haupt- oder Mittelpforte, wie sie auch genannt wurde, wie früher auf 5 Stufen in das Mittelschiff der Kirche hinabsteigt, so befindet man sich auch hier zuerst wieder unter dem gewölbten Orgelchor und gelangt von da aus sofort in das Mittelschiff, links und rechts aber in die Seitenschiffe.

Das Mittelschiff ruht auf 10 freistehenden Säulen von achtseitig-prismatischer Gestalt, deren acht Flächen man flach-bogenförmig ausgehöhlt oder cannelirt hat. Die Nebenschiffe sind auf der einen Seite durch die eben besprochenen freistehenden Säulen, auf der anderen durch die Umfassungsmauern begrenzt, welche nach Innen mit stark vortretenden Strebepfeilern unterbrochen werden. Letztere stehen den freistehenden Säulen gegenüber und nehmen die Widerlager der Gurt- und Gratbögen auf. Herrliche Kreuzgewölbe mit Graten aus einfach und schön profilirten Sandsteinen verzieren netzförmig die innere Laibung desselben.

In einer Höhe von 14½ Ellen vom Fussboden ab zieht sich eine breite Gallerie um den ganzen inneren Kirchenraum und folgt natürlich den starken Vorsprüngen der Pfeiler mit eben so vielen Erkern, während von einem Pfeilervorsprung zum anderen diese Gallerien durch starke Bögen und Kreuzgewölbe getragen werden. Hierdurch bilden sich in jedem Nebenschiffe 5 hohe Nieschen und vermehren die Schönheit der inneren Anordnung ganz besonders.

Eine grosse Wendeltreppe (bei Möller „der grosse Wendelstein" genannt) im schon genannten südlichen ausgebauten Thurme an der Süd-Westseite der Kirche führt auf diese Gallerie. Die Verbindung derselben von der nördlichen zur südlichen Langseite am östlichen Giebel vorüber geschieht durch eine auf zwei kleinen Säulen ruhende, ebenfalls unterwölbte Gallerie, auf der westlichen Seite aber durch das Orgelchor.

3*

Eine zweite, kleinere, in der östlichen Giebelmauer verborgene, Treppe führt noch jetzt auf diese Gallerie; doch mag sie früher nur den Zweck gehabt haben, die Domherren aus dem gegenüberliegenden Domherrenhause (Thümerei), auf einem schwebenden Gange über den Platz zwischen der Kirche und dem letzteren Gebäude, in den Dom und von dieser Gallerie in die Sakristei trocknen Fusses gelangen zu lassen; denn man gewahrt sowohl am Treppenthurme im Gymnasium, als auch an der nördlichen Mauer am Dome die zugemauerten Thüren dieser Verbindung. Ebenso ist die, ehemals von der Treppe in die Sakristei führende, jetzt zugemauerte Thüre noch zu erkennen.

Die Beleuchtung der Kirche wird durch 12 hohe und breite Fenster über und durch 8 niedere, doch ebenso breite, unter der Gallerie bewirkt. Die oberen Fenster sind mit Stab- oder Maasswerk in Sandstein, jedoch meistens nur einfach, die unteren dagegen ebenso, doch reicher verziert, und alle Fenster mit kleinen, runden, in Blei gefassten Scheiben verglast.

Vier Thüren führen von der Nord- und Südseite in das Innere der Kirche, wovon die zweite südliche die goldne Pforte bildet.

Denken wir uns nun in die Zeit zwischen 1500 bis 1540 versetzt, so finden wir das Churfürstliche Begräbniss von der Kirche noch nicht getrennt; denn aus der Mitte des Langschiffes trat man damals durch die grosse mittlere Bogenöffnung in den um zwei Stufen höher gelegenen hohen Chor und befand sich zuerst in einem länglich viereckigen Raume von minderer Höhe als die Schiffe der Kirche, welcher Raum jedoch früher nur durch zwei kleine hoch gelegene Fenster romanischen Baues beleuchtet wurde. Die hier anstossende, „im grossen Halbzirkel" (wie Moller beschreibt) ausgebaute Chornische oder Apsis, ebenfalls aus romanischer Bauzeit, scheint nicht wieder zum Neubau benutzt worden zu sein; statt deren hat man einen polygonisch-fünfseitigen Chorbau angebaut, denn in Hempels Condit. Saxonicum ist Seite 12 gesagt: „Nachmals ist diese Chur- und Fürstliche Capelle oder Begräbniss, so wie gesagt gegen Sonnen-Aufgang gelegen und wegen der grossen Fenster schön hell und lichte ist, im 1541. Jahre von der Dom- oder Stiftskirchen unterschieden, auch folgends schöner und herrlicher ausgebauet worden." Dieser Chorbau war jedoch kürzer als jetzt. (Taf. 1. Fig. 3.) In diesen Chorfenstern sind (ehe sie 1588 wieder geändert wurden) nach Mollers Nachricht (I. Abthl. Seite 60) die Wappen derer von Grossen (ein reiches Patriziergeschlecht) zu sehen gewesen. An beiden nördlichen und südlichen Langseiten des hohen Chores haben sich die Chorherrenstühle befunden, deren Form man sich natürlich nicht so reich denken darf, wie sie in den früher erbauten Kirchen dieses Styles noch angetroffen werden.

Aus diesem Raum führte rechts eine Thüre in die Allerheiligen-Kapelle, welche bei dem Neubau wieder aufgeführt werden musste, da sie mit vielen reichen Stiftungen zu Seelenmessen ausgestattet war. Moller sagt hierüber (I. Abthl. Seite 117): „die Kapelle Aller Heiligen liegt an der Thumkirchen, seitwärts gegen Morgen, wenn man aus der Kirche durch die grosse Pforte in den Kreuzgang gehet. Es stehet noch jetzo ein Altar darinnen und wird in aufgerichteten Statutis und Regeln der Freibergschen Thumherrn sub Anno 1487 gemeldet, dass in Processionibus und Umgängen die erste Station in dieser Kapelle gehalten und alle Vigilien wegen der Verstorbenen darinnen gesungen werden."

Eine zweite Thür, links, führte in die Sacristei der Chorherren. Es lässt sich aber nicht vermuthen, dass aus beiden Räumen auch Thüren in die Seitenschiffe geführt haben, man konnte daher nur durch den hohen Chor in diese Kapelle gelangen.

Wenden wir nun unsere Aufmerksamkeit auf die Ausschmückung dieser Räume, so verdient vor Allem die Kanzel oder, wie sie Moller nennt, der hohe steinerne Predigtstuhl unsere Aufmerksamkeit, weil sie ein Werk ist, das sich durch Originalität und künstlerische Ausführung besonders auszeichnet. Die Grundform dieser Kanzel bildet die Gestalt einer Tulpe oder auch eines Kelches (Taf. III. Fig. 20). Der eigentliche Fuss derselben besteht aus einer niederen künstlich gearbeiteten Felsenschicht, auf welcher sich rosettenartig die ersten Blätter auflegen. Hieraus erhebt sich ein starker Mittelstamm, welchen schuppenförmig anliegende Blätter umgeben. Auf diesem Stamme sitzt die kelch- oder tulpenartige Blume, deren Blattspitzen sich am oberen Rande auflegen. Vier hohe gerippte Blattstengel umgeben in gleicher Entfernung von einander den Mittelstamm und sind drei Mal in kugelförmigen Bauschen mit schärtig gewundenen Eisenstäben festgehalten. Das obere Ende dieser Stengel beugt sich abwärts und endigt in einer Blume. Zwischen den vier Oeffnungen des mittleren Bausches befinden sich vier geflügelte jugendliche Engel in fortschreitender Bewegung, mit ihren Armen die Blattstiele aus einander haltend. Einer dieser Engel ist mit einem reichverzierten Oberkleide bedeckt, während die anderen drei nackend erscheinen. Das letzte Band unter dem Kelche bildet ein dicker Kranz aus Weintrauben, an dessen vorderer Ansicht das sächsische Wappen befestigt ist. Dieses Wappen, gerade an dieser Kanzel angebracht, lässt vermuthen, dass sie ein besonderes Geschenk des damaligen Landesfürsten sei.

Der hohle Blumenkelch wird, wie schon gesagt, am oberen Rande von einem Kranze umgeben, dessen äussere Blätter in verschiedenen schön geschwungenen Fäden durcheinander laufen und so dargestellt sind, als ob sie theilweise von Raupen abgefressen worden wären. Zwischen diesen Blättern erheben sich rund gearbeitete Brustbilder in dreiviertel Lebensgrösse, welche nach Pattrich's Annahme die vier Kirchenväter Hieronimus, Augustinus, Ambrosius und Gregorius, Bücher und Stäbe in den Händen haltend, vorstellen.

Waagen meint, dass nur in Folge der Aehnlichkeit der Züge Gregors mit Pabst Sixtus IV. die Meinung entstanden sei, dass dieser Letztere selbst sich hierbei abgebildet findet, weil er den Bau der Kirche durch Butterbriefe befördert habe. Allein diese Annahme ist wohl nicht als richtig zu erkennen, denn die Dankbarkeit gegen den Pabst für jene Begünstigung liegt wohl näher, als die Absicht, nur die Kirchenväter darzustellen, und warum sollte man sie mit den Attributen des Pabstes, der Kardinäle und Bischöfe dargestellt haben?

Eine Treppe, welche halb gewendelt ist und durch Baumstämme unterstützt wird, führt nach dem hohlen Kelche, in dessen innerem Raum der Prediger wie in einer Blume steht. Diese schräg aufsteigenden Baumstämme sind nach unterwärts mehrmals durch senkrecht stehende Stämme unterstützt. In der Mitte zwischen dem senkrecht stehenden Blumenstängel und der Wendelung der Treppe steht, ausser Verbindung mit den übrigen Theilen, ein senkrechter starker Baumstamm, auf dessen abgestutzten Aesten eine kräftige Mannesgestalt sich mit den Füssen aufstemmt und mit beiden Armen die, aus dem schräg aufsteigenden Baumstamm gebildete, Treppe trägt. Diese Mannesgestalt in natürlicher Grösse soll wahrscheinlich den Gehilfen des Meisters vorstellen, welcher letzterer unter der Treppe, diesem ersteren zur Seite, ebenfalls in Naturgrösse auf einem Stein sitzt und in der rechten Hand einen Rosenkranz hält, während die linke Hand auf dem linken Beine ruht. (Leider ist die letztere Figur sehr verstümmelt und einer Reparatur dringend bedürftig.) Neben ihm sitzt ein zottiger Hund.

Zur Ausfüllung der Räume in dem niederen Theil der Treppe sind noch zwei Löwen, der eine stehend, der andere liegend, dargestellt; ausserdem sitzt am Eingange der Treppe ein kleiner löwenartiger Hund und einer dergleichen auf der Wendelsäule der Treppe. Ein geschmiedet eisernes, ganz einfaches Stabgeländer umgiebt die Treppe zu beiden Seiten.

Zu grösserer Befestigung dieses luftigen Bauwerks sind von beiden zunächst stehenden Säulen des Mittelschiffes starke eiserne Stäbe horizontal gegen dasselbe gestellt; auch soll eine

starke eiserne Spille sich bis tief in den Grund hinabsiehen. Ueber der Kanzel hängt vom Deckengewölbe herab an einem Eisenstabe, welcher in gleichmässigen Entfernungen durch Kugeln unterbrochen ist, auf schwachen Eisenstützen ruhend, eine runde Decke. Auf dieser Decke steht das
Brustbild der Jungfrau Maria mit dem Jesuskind in den Armen. Sie erhebt sich aus einem Unter-
satze von Blätterwerk, welcher von den Symbolen der vier Evangelisten umgeben ist.

Der ganze Bau bis auf diese Kanzeldecke, welche der Leichtigkeit wegen aus Holz besteht, ist sehr kunstvoll aus Sandstein ausgeführt. (Stuckmasse ist dabei nicht verwendet worden,
wenigstens hat der Verfasser an derselben keine Spur entdeckt.) Lebendig und ganz besonders
charakteristisch sind die Gesichter der Kirchenfürsten dargestellt; auch ist die Anstrengung des
Treppenträgers sehr ausdrucksvoll und natürlich.[11]

In dem Volksmunde hat sich über die Erbauung dieser Kanzel eine romantische Sage
erhalten, die in der Sächsischen Constitutionellen Zeitung (Jahrgang 1858. No. 63. bis 66.) in an-
ziehender Einkleidung zu finden ist. Diese Sage ist jedoch neueren Ursprungs, da kein Chronist
aus früherer Zeit darüber berichtet.

Die neue Kanzel wird später besprochen werden.

Den Hauptaltar im hohen Chor kann man sich wohl nicht anders, als in der Form eines
Flügelaltares, reich mit vergoldetem Schnitzwerk und vielleicht mit Gemälden von guten Meistern
ausgestattet, denken, da die Ausschmückung der Kirche in die Zeit von Albrecht Dürer und Lucas
Cranach fällt; auch andere, damals minder wichtige Städte, z. B. Annaberg, Buchholz u. s. w.,
dergleichen noch jetzt besitzen. Bei dem grossen Reichthume vieler Bewohner Freibergs und dem
fortwährenden Bemühen, der Kirche Schenkungen zu machen, ist eine solche Vermuthung nicht zu
gewagt, vielmehr nur zu bedauern, dass hiervon keine Ueberreste auf uns gekommen sind. In
Moller (I. Abtheilung Seite 58) ist in Bezug auf den Altar nur bemerkt, dass im hohen Chor der
Salvator (Erlöser), über dem Altare die Jungfrau Maria, aber auf demselben und hinter dem Altare
St. Wolfgang und der grosse Christoph gestanden haben, wovon der erste und die zwei letzteren
in Ueberlebensgrösse und stark vergoldet noch vorhanden sind, jedoch gegenwärtig, wie alle übrigen
aus jener Zeit stammenden Ueberreste, wie bereits erwähnt, im Museum des Königlichen Alterthumsvereines in Dresden aufbewahrt wurden.

Einen weiteren Schmuck der Kirche mögen die übrigen zahlreichen Altäre gewährt haben,
welche an allen Pfeilern und in den Nieschen standen, denn Moller nennt uns (I. Abtheilung Seite
199) folgende: S. Trinitatis, Corporis Christi, Beatae Virginia, Annunciationis, Conceptionis, Prae-
sentationis, Compassionis B. Mariae, Omnium Sanctorum, Petri et Pauli, Andreae, Matthaei, Lau-
rentii, Jobi, Nicolai, Michaelis, Georgii, Wolfgangi, Christophori, Eulogii (Schutzheiliger der Bergleute), Sigismundi, Nicolai, Erasmi, Liborii, Sebaldi, Jodoci, Eustachii, Fabiani, St. Annae, Marthae,
Mariae Magdalenae, Catharinae, Barbarae, Gertrudis, Ursulae, Christianae, Hettwigis, Dorotheae und
der vierzehn Nothhelfer u. s. w.

Von allen diesen Altären ist keine Spur mehr zu finden und sehr zu beklagen, dass wir
gewiss manches Kunstwerk verloren haben.[12]

---

[11]) Leider ist diese Kanzel im Jahre 1830 mit einer dicken Kalkkruste überstrichen und dadurch
sehr entstellt worden.

[12]) Beim Abtragen des Stückes Kreuzgang bei der goldnen Pforte fand man im Schutte über den Gewölben einige Ueberreste sehr feinen gothischen Schnitzwerkes aus Holz, gemalt und vergoldet, welche zu Taber-
nakeln an Altären gehört haben mögen.

Weniger vandalisch mag es in den Ortschaften in Freibergs Nähe bei Einführung der Reformation zugegangen sein; in diesen ist noch mancher alte Altar in späterer Zeit aufgefunden worden, welcher erst in neuerer Zeit dem geschmack - und gewissenlosesten Erzeugnissen hat weichen müssen. So ist z. B. die Kirche zu Oberbobritzsch noch im Besitze des unteren Theiles eines Flügelaltares mit dreifacher Abwechselung, auf dessen einem Flügel die Jahreszahl 1521 aufgezeichnet steht. Er gehört nicht zu den schlechtesten Arbeiten und muss mit seinem, gewiss reich geschnitzt gewesenen Oberbau, welcher jetzt durch eine Windmühlenflügelsonne ersetzt ist, einen schönen Anblick gewährt haben.

Was die Orgel jener Zeit betrifft, so war sie auch schon ein bedeutendes und einer so grossen Kirche würdiges Werk; sie wird im Möller als eine Arbeit Burkart Dinstlinger's genannt, welcher sie im Jahre 1509 erbaute. Für ihre Grösse spricht besonders der Umstand, dass man im Jahre 1622 mit einem Theile der Pfeifen die kleine Orgel links an der östlichen Giebelwand auf der Empore (1824 schon abgetragen) verbessert hat, und dass beide Orgeln zusammen 1198 Pfeifen mit 14 Blasebälgen enthalten haben. Das Orgelgehäuse entsprach sicherlich dem Baustyle der Kirche, da sich in jener Zeit noch keine Spuren von der bald darauf erfolgten Verdrängung des gothischen Baustyles vorfanden; auch muss man sich das steinerne Emporengeländer des Orgelchores noch im Style und im Zusammenhange mit dem noch vorhandenen denken.

Endlich ist noch der Ausschmückung der Kirche durch Wappen, Statuen, Grabsteine und dergleichen zu gedenken. Zuerst sind hier diejenigen Wappen zu erwähnen, welche, auf Kupferblech gemalt, früher an sämmtlichen Schlusssteinen des Gewölbes befestigt waren. Sie gehörten grösstentheils Provinzen, Städten, fürstlichen Geschlechtern und auch solchen Familien an, welche den Kirchenbau durch Beiträge besonders gefördert hatten.

Die Möller'sche Chronik nennt ferner viele Wappen, welche sich auf Glas gemalt in den Fenstern befunden haben. Davon sind jedoch keine mehr vorhanden, denn die jetzigen noch sichtbaren, stellen nur Innungswappen dar, welche man mit Lackfarben auf Glas gemalt hat. Die schönsten Wappen befanden sich aber an den fünf Pfeilern, dem hohen Predigtstuhle gegenüber. Sie waren aus Sandstein mit ganz durchbrochenen Helmdecken sehr kunstvoll gearbeitet und wahrscheinlich von demselben Meister ausgeführt, welcher den hohen Predigtstuhl schuf. Diese Wappen repräsentirten ebenfalls diejenigen Geschlechter, welche sich um den Kirchenbau ganz besonders verdient gemacht hatten, z. B. dasjenige des Herzogs Albrecht, des Bischofs Johann VI. von Meissen aus der Familie Salhausen, der Münzer, der Gunterode und der Alnbecke. [18]

Mit Statuen war die Kirche ebenfalls reich bedacht. Es standen z. B. an den zwölf Pfeilern der Umfassungsmauern unter den Erkern der Emporen die zwölf Apostel in Lebensgrösse, aus Holz geschnitten, bemalt und reich vergoldet; ferner an den zehn freistehenden Säulen die fünf klugen und die fünf thörichten Jungfrauen in dreiviertel Lebensgrösse, aus gleichem Material mit Malerei und Vergoldung.

Marienbilder werden mehrere erwähnt, so dasjenige, welches an der zweiten freistehenden Säule der Kirche linker Hand stand. Es wurde von Nicol Mohnhaupt im Jahre 1454 gestiftet und wahrscheinlich später durch ein neues überlebensgrosses steinernes mit der Jahreszahl 1513 vertauscht, welches noch in der St. Annakapelle aufbewahrt wird.

Zahlreiche andere religiöse Erinnerungszeichen mögen übrigens die Wände und Säulen geschmückt haben. Unter anderen fanden sich noch drei weibliche in Holz geschnitzte und gemalte

---

[18] Sie sind beim gegenwärtigen Restaurationsbau an der goldnen Pforte über der zweiten südlichen Thüre äusserlich am Dome wieder aufgestellt worden.

Heilige auf mit Goldgrund reich verzierten Holztafeln und den gemalten Familienwappen der Alm-becke in dem Thurmgewölbe vor, Tafeln, welche nach ihrer Form zu schliessen drei Seiten eines freistehenden Pfeilers bekleidet haben. Auch ist noch ein kleines steinernes Brustbild der Maria mit dem Jesuskind erhalten, welches auch Ueberreste von Malerei und Goldgrund trägt und früher an einer freistehenden Säule der Kirche befestigt war, jetzt aber äusserlich bei der goldnen Pforte eingemauert worden ist. Da die Kirche schon früher als Begräbnissstätte für reiche Familien diente, so mögen sich auch eine Menge Grabsteine, theils auf dem Fussboden, theils am Sockel der Pfeiler und Mauern aufgestellt gefunden haben; denn noch sieht man den Mohnhauptschen Grab-stein, halb von den Frauenständen bedeckt, an der zweiten freistehenden Säule linker Hand im Mittelschiff der Kirche. In „Grüblers Todtengrüften" wird eines Grabsteines gedacht, welcher aus rothem polirten Marmor sehr schön und künstlich ausgeführt war; der Verfasser erinnert sich, auch noch Bruchstücke davon, namentlich einen weiblichen Kopf mit Mütze, gesehen zu haben.[14]

Denken wir uns nun sämmtliche Räume, sowohl die der Schiffe als des hohen Chores, in den Naturfarben der dazu verwendeten Materialien, folglich alles Sandsteinwerk gelblich und die Wandflächen in der Farbe des grauen Kalkputzes (nicht mit Weisskalk angestrichen), dazu die Säulen und Pfeiler frei aus dem Fussboden bis zum hohen Gewölbe aufsteigend (denn Sitzstände waren zu jener Zeit noch nicht vorhanden), ferner die reiche Ausschmückung der Kirche durch Tabernakel, Altäre, Statuen, Wappen und andere Verzierungen, so werden wir allerdings ein an-deres und schöneres Bild vor uns haben, als gegenwärtig, wo die Kirche mehrmals von gänzlich Unkundigen im Bauwesen renovirt, d. h. mit Kalk ausgeweisst und ihres ehemaligen Schmuckes beraubt worden ist.

Die neue Kirche wurde nun während einer fünfzehnjährigen Bauzeit von 1484 bis 1500 in ihrem Mauerwerk, Gewölben und der Dachung hergestellt;[15] allein man bedurfte noch weitere zwölf Jahre zu ihrer Vollendung. Die Kosten dieses Baues sind in „Hempels Beschreibung des Churfürstlichen Begräbnisses" und in „Mollers Chronik" zu 72,000 Gülden, ausser den Almosen, welche dazu verwendet wurden, angegeben; also eine bedeutende Summe nach damaligem Geld-werthe und, wie besonders bemerkt wird, in wohlfeiler Zeit.

Als den Baumeister dieses neuen Domes können wir, wie schon früher bemerkt wurde, einen Hans Irbisch, dessen Anfangsbuchstaben HB oder H I B (Hans Irbisch Baumeister) sich äusserlich am Giebel des gegenwärtigen nördlichen Theiles am Churfürstlichen Begräbnisse unter dem Spruche: „Wer Gott vertraut, hat wohl gebaut" mit römischen Buchstaben eingehauen be-finden, annehmen. Jener Zeit gemäss dürfte jedoch diese Schrift nicht in römischen Buchstaben ein-gehauen worden sein; es ist also zu vermuthen, dass der ursprüngliche Name mit dem Spruche darunter bei der Erweiterung des hohen Chores zum Churfürstlichen Begräbnisse abgebrochen werden musste, und dass man ihn später wieder erneuert hat; denn der Baumeister des Churfürstlichen Begräbnisses hat seinen Namen, wie wir später hören werden, mit grosser Ostentation einer Mar-mortafel hinter dem Altare anvertraut.

Bevor ich von dem Aeusseren der Kirche in jener Zeit eine Beschreibung und Abbildung geben kann, ist des Kreuzganges zu gedenken, welcher die Ost-, Süd- und einen Theil der West-

---

[14]) Im Schutte haben sich hiervon noch einige Bruchstücke gefunden, namentlich Wappentheile der Familie Alnbeck und der Mönser. Sie werden im Kreuzgange aufbewahrt.

[15]) Nach einer anderen Nachricht soll das Dach erst im Jahre 1560 aufgesetzt worden sein, was aber nicht glaublich erscheint, da die Kirche schon 1512 vollendet gewesen sein muss. Ein blosses Nothdach kann man darum nicht voraussetzen, weil es gewiss eben so grosse Kosten als ein wirkliches verursacht haben würde.

seite der Kirche umgiebt, und der kurz nach Erbauung der Kirche (die Jahreszahl 1509 befindet sich auf dem Schlussteine des östlichen Einganges in den Kreuzgang) ebenfalls hergestellt wurde. Schon in den frühesten Zeiten war es Sitte, die Gottesäcker um die Kirche herum anzulegen und sie mit dem Namen „Kirchhof" zu bezeichnen. Wir müssen uns deshalb den jetzigen Untermarkt und überhaupt die Umgebungen der Kirche als einen Kirchhof denken. In Mollers Chronik, I. Abtheilung Seite 37, ist in dieser Beziehung Folgendes bemerkt: „Der Niedermarkt, welcher auch „der Naschmarkt genannt wird, liegt an der Thumkirchen auf der Meisnischen Gasse. Für diesen „hat er zur Kirchen als ein Kirchhof gehört und ist ein Stück davon mit Staketen umzogen ge- „wesen. Hernach, als der hohe Chor in der Thumkirchen zur Chur- und Fürstlichen Begräbniss- „Kapelle eingenommen und das prächtige Monument Churfürst Mauritii Christmilden Gedächtnisses „A. 1563 aufgerichtet worden; hat man auf Churfürstliche Anordnung diesen Platz zugleich ge- „pflastert und zum Stadtmarkt zu brauchen angefangen."

Um nun sowohl dem Bedürfnisse an Begräbnissstellen für die reichen Familien Freibergs, welche nicht alle in der Kirche selbst begraben werden konnten, zu genügen, als auch (da diese Grabstätten wahrscheinlich sehr theuer bezahlt werden mussten) der Kirche eine unversiegbare Einnahmequelle zu erhalten, nächstdem aber auch um bei den vielen Processionen und Umgängen Schutz gegen die Witterung zu haben, erbaute man, wie schon erwähnt, im Jahre 1509 die soge- nannten Kreuzgänge.

Vor der goldnen Pforte errichtete man eine gewölbte Vorhalle, um das Portal, wenn auch in beschränkter Weise, doch sichtbar zu erhalten. Die Kreuzgänge folgten nun in ihrer Aus- dehnung den Grenzen der Strassen bis zur Kirchgasse. Dort wurden sie mit der neu zu errich- tenden St. Annakapelle nebst ihrer Vorhalle geschlossen, so dass nur wenig Raum vor dem Haupt- portale der Kirche übrig blieb. Die Vorhalle sowohl vor der goldnen Pforte, als auch die St. Annakapelle sind mit bogenförmig geschwungenen Graten geziert, eine Methode, die in jener Zeit sehr oft vorkommt, z. B. auch in der Annaberger Hauptkirche. Dass aber diese St. Annakapelle schon vorher bestanden hatte, geht aus der Bemerkung Mollers, I. Abtheilung Seite 117, hervor, wo er sagt: „Diese Kapelle ist ein alt Gestift und bei Aufführung des Thumes mit an den Kreuzgang angehängt worden." Auch führt er sie mit den übrigen Kapellen der Stadt an.

Den inneren freien Raum, welcher von der Kirche und den Kreuzgängen eingeschlossen wird, hat man dann ebenfalls zu Begräbnissen verwendet und ihm den Namen „Grüner Kirchhof" gegeben. In der westlich gelegenen Ecke der Kreuzgänge errichtete man noch besonders eine kleine Halle, deren Gewölbe auf zwei freistehenden Säulen ruhen, weil hier der Kirchhof Raum genug zu einer grösseren Ausdehnung der Kreuzgänge darbot. Dass aber schon vor Erbauung der Kreuz- gänge hier Gräber gewesen sind, beweisen drei Todtenköpfe, welche die damaligen Maurer wahr- scheinlich beim Grundgraben gefunden und als Andenken zugleich mit eingemauert hatten. Der Volkssage nach sollen hier drei Chorknaben während des Gottesdienstes gewürfelt haben und dafür vom Teufel (als strafender Gewalt) an die Wand geworfen worden sein.

In diesen Kreuzgängen, deren Fenster, mit Ausnahme der Annenkapelle und der Vorhalle der goldnen Pforte, fast sämmtlich auf den Kirchhof führen, fanden viele der berühmtesten Patri- zier-Geschlechter damaliger Zeit ihre Ruhestätte, wie diess in „Grüblers Todtengräften" umständ- lich nachzulesen ist, soweit sie zu seiner Zeit noch vorhanden waren.[16]

---

[16] Ein, beim Abtragen des kleinen Treppenhauses, links der südlichen kleineren Eingangsthüre in den Dom, gefundenes Stück Grabstein stellt einen Ritter im Panzerhemde und Schwert vor, doch war leider weder Jahreszahl noch Name dabei. Es könnte diess vielleicht ein Bruchstück vom Leichensteine Kunz von Kau-

4

Damit aber die äussere Ansicht dieser Kreuzgänge, welche sich allerdings nur in unbedeutenden engen Gassen hinziehen, sich doch etwas von den gewöhnlichen Gebäuden unterschied, erhielten ihre Dächer an drei gleichweit von einander entfernten Stellen kleine hohe und spitze achtseitige Pyramiden-Thürme, sogenannte Dachreiter, welche mit Schiefer gedeckt waren und erst im Jahre 1830 aus unbekannten Gründen abgetragen worden sind. Drei Thüren führten damals von Aussen in diese Kreuzgänge und eben so viele durch sie in den Grünen Kirchhof, von welchen jedoch später zwei wieder vermauert worden sind. Die grösste dieser drei Thüren befand sich in der Nähe der goldnen Pforte in der Richtung nach Osten und diente früher als Haupteingangsthüre in die Kirche von der südlichen Seite, d. i. durch die goldne Pforte.

Eine zweite Thüre befindet sich in der Mitte der Südseite der Kreuzgänge da, wo die ganze Linie stumpf gebrochen ist, und endlich eine dritte an der Ostseite vor der Annenkapelle. Ein hier bis zum vorigen Jahre vorhanden gewesener Giebel mit seiner schönen Thüre aus geschmiedetem Eisen ist erst in den Jahren 1560 bis 1600 angebaut worden, was sein späterer Renaissancestyl hinlänglich beweist. Diese eiserne Thüre befindet sich jetzt am Eingange in den grünen Kirchhof vor der goldnen Pforte.

Die äussere Erscheinung des jetzigen Domes gewährte schon nach ihrer Erbauung von keiner Seite einen besonders schönen einheitlichen Anblick, indem zwar der westliche oder Haupteingang, wie bei anderen grösseren Kirchen dieses Styles, zwischen zwei Thürmen sich befindet, allein derselbe weder mit einem reichen Portal noch mit einer Fensteranlage darüber geziert ist.

Beide Thürme sind, und zwar der südliche nur bis zum Dache der Kirche, der nördliche nur sehr wenig höher reichend, ohne die mindeste Auszeichnung aufgeführt. In diesem höheren Stockwerk des nördlichen Thurmes hängen 6 Glocken, wovon nur zwei gross sind. Sie wurden in den Jahren 1488, 1496 und 1512 von dem Freiberger Glockengiesser Nicol Hilliger gegossen, nachdem die früheren beim letzten Brande zerschmolzen waren.

Den sehr starken Fundamenten nach haben wohl beide Thürme, wenigstens der nördliche, zu einer bedeutenden Höhe aufgeführt werden sollen, was aber aus Mangel an Mitteln später unterblieben sein mag. Sehr zu beklagen ist, dass man keine Baurisse davon finden konnte, noch bedauerlicher aber der Umstand, dass nicht wenigstens der Glockenthurm mit seinem herrlichen Geläute nur etwas mehr Höhe erhalten hat, da man dasselbe trotz seiner Stärke doch nicht weit hin zu hören vermag.

Die westliche Giebelseite des hohen steilen Kirchendaches ist abgewalmt, die östliche aber mit einem massiven Giebel geschlossen, der nach Aussen durch eine Menge Bogenstellungen über einander materiell an Leichtigkeit gewinnen sollte. Auf dieser Giebelspitze erhob sich ein kleiner Dachreiterthurm (wie der jetzige, doch kein so missgestalteter) von achtseitiger Grundgestalt mit kleinem Haubendach, welches von vielen Spitzen, gleich eingesteckten Stecknadeln, bedeckt war. In diesem Thürmchen hing wahrscheinlich damals nur ein Messglöckchen, denn nach Mollers Chronik, I. Abthl. Seite 136, ist die Uhr erst 1541 vom Rathhausthurm in den Dom: „dem Gottesdienste und den Schulen zur bessern Nachrichtung transferirt worden." Hierzu mag man später die Stunden- und Viertelstunden-Glocke gefügt haben, so dass drei Glocken darin hingen.

fangene sein, was darum nicht unwahrscheinlich ist, weil nach Benseler die Petrikirche im Jahre 1728 durch Feuer zerstört wurde und dabei auch der Leichenstein K. v. K., welcher sich im unteren Stock des runden Thurmes befand, in Stücke zerbrochen sei. Nun hat man im Jahre 1727 die Domkirche im Inneren mit Bretäbchen ausgebaut, wozu die Treppenaubaue an der Südseite gehören. Da dieser Bau gewiss nicht in einem Jahre beendigt worden ist, so ist es leicht möglich, dass man nach dem Brande der Petrikirche beim Bortwern der Brandstätte an den Dom Baumaterialien lieferte und daher dieses Bruchstück dorthin gelangt sein kann.

Die Mauern des vordern Theiles vom hohen Chore, nämlich die südliche und nördliche, waren vor Herstellung des Churfürstlichen Begräbnisses noch mit dem alten Bogenfrieshauptgesims sichtbar, doch an der östlichen Seite schon mit dem fünfseitigen Chorausbau geschlossen, was natürlich sich sonderbar ausgenommen haben mag. Die zu beiden Seiten des hohen Chores angebaute Sacristei und Allerheiligenkapelle befanden sich unter besonderen Dächern und sind erst später zu einem allgemeinen Dache zusammengezogen worden.

Auf Taf. II. Fig. 2. ist zur Vergleichung eine Ansicht der Kirche von demselben Standpuncte, wie die frühere auf Taf. II. Fig. 1. gegebene, entworfen worden; doch ist das Churfürstliche Begräbniss schon so dargestellt, wie es nach deren Erweiterung 1588 sich gestaltet hatte, weil dieser Theil des Gebäudes nur von 1500 bis 1588 frei stand und gesehen werden konnte.

Auf der nördlichen Seite der Kirche wird man einen hölzernen bedeckten Gang, vielleicht auf steinernen Pfeilern ruhend, über den Raum zwischen dem jetzigen Gymnasialgebäude (der damaligen Thümerei oder dem Domherrnehause) und der Kirche sich haben hinziehen sehen, welcher bereits früher erwähnt worden ist.

Beide Hauptfronten der Kirche, sowohl die südliche als die nördliche, zeigen keine anderen Formen und Verzierungen als solche, die aus der Construction unbedingt hervorgehen. Daher die aus der Wand vortretenden Pfeiler mit Sockel und Gurtgesimsen und den dazwischen innliegenden Fenstern mit ihrem Stab- und Maasswerk.

V. Abtheilung.

Schicksal des Domes zur Zeit der Einführung der Reformation.

Man kann wohl mit Bestimmtheit annehmen, dass das Reformationswerk in dem Jahre 1537 soweit in Freiberg vorgeschritten war, daher der Dom zu dieser Zeit in eine protestantische Kirche sich verwandelt hatte. Von dieser Zeit an erscheint er in einer anderen Gestalt; denn Alles, was an das Pabstthum erinnerte, wurde ohne Schonung aus der Kirche entfernt, und nur wenige Gegenstände sind der Beraubung ihres früheren Schmuckes entgangen.

Es ist uns der Umstand zwar nicht bekannt, dass bei Entfernung der vielen Altäre und Bilder u. s. w. auf eine zerstörende Weise verfahren worden sei, doch wird im Moller, I. Abthl. Seite 59, Folgendes gesagt: „die anderen Bilder und Gegenstände so für Zeiten auff und neben den Messaltären gestanden, sind jetzo bei dem grossen Wendelsteine in ein besonder Gewölbe beigesetzt, wie gleichfalls die übrigen Altäre, deren eine grosse Menge gewesen, wie ich schon unter Seite 2 u. s. w. berichtet, abgeschafft und Stühle dafür eingebaut worden." Da dieses Gewölbe aber nicht sehr gross ist, so muss der bei weitem grössere Theil entweder anderwärts untergebracht oder wirklich zerstört worden sein. Ebenso ist es unbekannt, wohin die vielen kostbaren goldnen und silbernen Altargeräthe, Ornate u. s. w. hingekommen sind.[11]

---

[11]) Benseler sagt in seiner Geschichte Freibergs, 2. Band Seite 1234: Man verkaufte ferner 1803 die noch vorhandenen zum Theil sehr kostbaren Messgewänder, Leuchter, Bücher u. s. w.; also noch bis in diese späte Zeit hatten sich dergleichen Gegenstände erhalten.

Nach der Entfernung so vieler Altäre und anderer die Kirche decorirender Gegenstände des katholischen Cultus wird eine grosse Leere in der Kirche entstanden sein und die Erhabenheit des ursprünglichen Baues wurde noch überdies durch störende Einbaue beeinträchtigt, denn nach Herzog Heinrichs im Jahre 1537 erfolgtem Uebertritte zum Protestantismus ist in der Domkirche zwischen vier Pfeiler, also zwischen zwei Wand- und zwei freistehenden Pfeilern oder Säulen, dem hohen Predigtstuhl gegenüber, eine auf einem starken Bogen ruhende Empore errichtet worden, worauf zugleich ein Altar stand „weil der hochgeborene Fürst und Herr, Herr Heinrich Herzog zu Sachsen mit seiner Gemahlin allda im Anfange der Reformation die Predigt angehöret und das hochwürdige Abendmahl gebraucht."

Nächstdem wird noch berichtet, dass an einem freistehenden Pfeiler dieser Empore auch eine hölzerne Kanzel erbaut worden sei „und hat die Frau Herzogin einen besonderen Stuhl in deren Nähe herrichten lassen, damit der Herzog den Prediger besser verstehe." Es scheint demnach, dass der Churfürst kein feines Gehör gehabt habe, weil doch die steinerne Kanzel der Empore unmittelbar gegenüber und daher sehr nahe lag.

Durch die soeben erwähnte eingebaute Empore wird aber das Innere der Kirche ganz besonders entstellt sein; man kann nun hieraus schliessen, dass man nach Einführung der Reformation weniger auf die Würde des Gotteshauses, dafür aber mehr auf die möglichste Bequemlichkeit beim Besuche der Kirchen gesehen hat, was auch natürlich war, da in der ersteren Zeit nach der Reformation selbst in den Wochentagen täglich zweimal gepredigt wurde. Dieser Wunsch nach Bequemlichkeit beim Besuche der Kirche hat, wie wir sehen werden, später noch einmal Gelegenheit gegeben, die Kirche durch störende Einbaue zu verunstalten. Der nur genannte an der freistehenden Säule neben der fürstlichen Empore angebaute hölzerne Predigtstuhl wurde aber sehr bald wieder abgetragen und ein neuer ebenfalls hölzerner an die freistehende Säule links neben dem hohen steinernen Predigtstuhl errichtet und für den gewöhnlichen Dienst bestimmt, weil man den letzteren nur bei hohen Festen und Sonntags gebrauchte, alle Wochen- und Leichenpredigten aber auf dem hölzernen Predigtstuhl hielt.

Eine weitere Veränderung des Domes sowohl am Aeusseren als am Inneren des hohen Chores trat nach Herzog Heinrichs am 18. August 1541 erfolgtem Tode ein, da er nach seiner letzten Willensäusserung seine Ruhestätte im Dome zu Freiberg „bereitet" wissen wollte. Er sagt in seinem Testamente:

„er hätte die Freiberger in aller Treue und Gehorsam gegen Gott und ihn befunden, darum wolle er auch bei ihnen ruhen und schlafen."

Hierauf wurde Herzog Heinrich auf Herzog Moritz's Befehl und Anordnung im hohen Chor neben dem Altare beigesetzt. Aber schon im Jahre 1553 geschah dasselbe mit der Leiche des Churfürsten Moritz, welcher in der Schlacht bei Sievershausen den 11. Juli desselben Jahres tödtlich verwundet worden war. Er wollte, heisst es nach der vor seinem Ableben getroffenen Anordnung „im hohen Chore des Domes zu Freiberg neben seinem Vater und seinem vor ihm verstorbenen Söhnchen Herzog Albrecht seine Ruhestätte bereitet haben." Kurze Zeit nach seiner Beisetzung hat ihm dann sein Bruder Churfürst August in der Mitte des hohen Chores das grosse Epitaphium errichten lassen, welches weiter unten näher beschrieben werden wird.

Durch die Errichtung eines so grossen Monumentes wurde aber der Weg und die Aussicht nach dem Altare vom Mittelschiff der Kirche aus gehemmt und desshalb der letztere an seine jetzige Stelle versetzt.

Zugleich schien es auch nothwendig zu werden, die Weite oder Tiefe des hohen Chores zu vergrössern, da man ausserdem keinen freien Blick auf die Seitenwände des Monumentes gehabt haben würde. Deshalb mögen zu jener Zeit auch die nördliche und südliche Umfassungsmauer des hohen Chores nach unterwärts ausgebrochen und die Oeffnungen durch zwei hohe, weite gothische Bögen wieder geschlossen worden sein. Diese Veränderung veranlasste aber auch die Verlegung der bisherigen Sacristei in die Ecke des nördlichen Seitenschiffes unter die Empore, so wie, auf der südlichen Seite, die Oeffnung der Allerheiligenkapelle, welche ohnedies nicht mehr im Gebrauch sein konnte.

Der damalige noch in gothischen Formen erbaute Altar, welcher bei dieser Gelegenheit abgebrochen und an der bezeichneten Stelle wieder aufgerichtet wurde, mag durch diese Verlegung in seiner Schönheit sehr gelitten haben, denn im Jahre 1560 hat ein wohlhabender Mann, Mathes Rothe, Münzmeister zu Annaberg, der Kirche einen neuen Altar verehrt. Moller bemerkt darüber, I. Abthl. Seite 54: „daher seine Nepotes Augustus Rothe Churfürstlich sächsischer Faktor der Saigerhütte Grünthal und Constantin Rothe, Münzmeister zu Dresden, Gebrüder," Anlass genommen und solch Gemälde, nachdem es ziemlich verblichen, nicht allein renoviren, sondern auch das Sprengwerk und andere Zubehörungen zum Altar aus mildem freien Willen ganz neu verfertigen lassen; so geschehen 1560 angehenden Jahres u. s. w." — Da aber dieser neue Altar durchaus keinen Kunstwerth hat und nur die Familienportraits ihm ein historisches Interesse verleihen, so ist von dessen weiterer Beschreibung abzusehen.

Es füllte sich nun in der Zeit von 1541 bis 1586 der ganze, damals noch kleinere östliche hohe Chor mit den Leichen fürstlicher Personen so sehr an, dass es an Raum zu weiteren Beisetzungen fehlte. Deshalb verordnete Churfürst Christian I. im Jahre 1586 die Vergrösserung des Chorraumes und liess denselben zugleich im damals herrschenden Zeitgeschmacke aufs Prächtigste ausschmücken; nächstdem aber erbaute er auch in der südlich gelegenen Chorabtheilung (unter der früheren Allerheiligenkapelle) eine neue Fürstengruft und zwar so gross als es der Raum gestattete, deren Beschreibung in der nächsten Abtheilung folgen wird.

Bei allen im Dome vorgenommenen Veränderungen seit der Reformationszeit müssen wir es beklagen, dass der bisher immer noch innegehaltene gothische Baustyl von nun an gänzlich von dem Renaissancestyl verdrängt wurde und ohne Rücksicht auf Uebereinstimmung mit dem schon Vorhandenen, überall zur Herrschaft gelangte. So geschah es denn auch, dass in unserem Dome Alles diese Gestalt annahm und Italiener als Baumeister und Bildhauer auftraten.

Was hätte mit den aufgewendeten, für damalige Zeit ungeheuren, Summen in diesen Räumen geschaffen werden können, wenn man sich des gothischen Styles, selbst noch in der Verfallzeit, bedient hätte!

---

[16]) Die Grabplatten der Familie Rothe, aus Serpentinstein, mit zum Theil vergoldeter Schrift, sind in neuerer Zeit links neben der goldnen Pforte an der Terrassenmauer, daher in der Nähe ihrer Gräber wieder aufgestellt worden.

VI. Abtheilung.

Beschreibung der Churfürstlichen Begräbnisskapelle.

—◦✦◦—

Wollen wir die in diesen Räumen befindlichen Kunstwerke der Zeitfolge nach betrachten, so müssen wir unsere Aufmerksamkeit zuerst auf das Denkmal des Churfürsten Moritz richten. Die Gestalt desselben gleicht der eines grossen Katafalkes, von länglich viereckiger Grundform. Das Ganze besteht jedoch aus verschiedenen Abtheilungen.

Die unterste Basis bilden drei breite vorliegende Stufen. Auf der obersten dieser drei Stufen befinden sich in sitzender Stellung zwölf kleine Statuetten aus weissem Marmor, nach Angabe Mollers die neun Musen und die drei Grazien darstellend, alle Schrifttafeln oder Bücher in den Händen haltend. Der auf diesem stufenförmigen Sockel ruhende untere Theil des vierseitig-prismatischen Hauptkörpers ist mit vierzehn vorspringenden Pfeilern bekleidet, welche zehn Felder zwischen sich bilden, worin schwarze Schrifttafeln in Rahmen aus rothem Marmor eingesetzt sind. Sowohl in den Sockeln der vorspringenden Pfeiler, als der dazwischen liegenden Felder sind in stark erhabener Arbeit Tritonen und Genien mit reich verschlungenen Blättern und Blumenwerk, in weissem Marmor ausgeführt, eingesetzt. Ebenso sind die Felder hinter den mit gekuppelten toscanischen Säulen gezierten Pfeilern mit Trophäen der Kriegskunst, der Wissenschaften, der schönen Künste, des Handels und der Gewerbe, sämmtlich aus weissem Marmor gearbeitet, ausgefüllt. Das toscanische Hauptgesims aus schwarzem Marmor zieht und kröpft sich um die Pfeiler und Zwischenfelder, diese Abtheilung sehr zierlich begrenzend. Ueber diesen vierzehn Pfeilern stehen auf Postamenten achtundzwanzig Krieger in römischer Kleidung, in der einen Hand Waffen, in der anderen Schilde mit Provinzialwappen haltend. Die untere grosse und die obere kleine Abtheilung wird durch eine dazwischen gelegte, bohl ausgeschweifte niedere Platte vermittelt, auf deren Aussenfläche prismatisch-abgeschliffene hellgelbe Marmorstücke aufgesetzt sind. Zwischen den lisenenartig aufsteigenden Pfeilerverstärkungen befinden sich ebenfalls zehn schwarze Marmortafeln mit goldner Schrift, in Rahmen aus rothem Marmor gefasst. Den ganzen Körper bedeckt ein reiches Gesims aus schwarzem Marmor, dessen Fries mit senkrechten hohlen Streifen und, über den Pfeilern, mit Masken aus weissem Marmor verziert ist.

Auf diesem Oberbau stehen zehn bronzene Greife, mit ihren Hinterkörpern eine grosse Platte tragend und mit den ausgebreiteten Flügeln sich berührend. Diese Platte ist mit einem Fries aus weissem Marmor, von Festons umgeben, geziert und mit einem Gesims aus schwarzem Marmor abgeschlossen, dessen Hängeplatte von weissen Consolen getragen wird. Auf den Ecken dieser Platte, und jedesmal in der Mitte der vier Seiten, sitzen, auf Wappenschilde gestützt, acht kleine Engel. Endlich erhebt sich über diesen Platten noch eine niedrige, bogenförmig ausgeschweifte Basis mit einem Gesimsabschluss, an dessen vier Ecken Pelikane sitzen, welche sich mit ihren Schnäbeln in die Brust hacken, um ihre Jungen mit ihrem Blute zu nähren.

Auf dieser Seite der Platte steht, nach Morgen gerichtet, ein hohes bronzenes Kreuz mit dem Heilande, dessen Gestalt in weissem Marmor ausgeführt ist. An den Fuss des Kreuzes lehnt sich das Churwappen, vor demselben dagegen kniet der Churfürst Moritz in voller Rüstung, das Churschwert auf die rechte Schulter aufgelegt, während die linke Hand sich nach dem Heiland ausstreckt. Vor dem Churfürsten liegen Helm und Handschuhe. Diese Statue ist lebensgross und wie alles Ihr Gehörige in weissem Marmor ausgeführt.

Das ganze Monument ist aus dinantischem (folglich Belgischem) Marmor errichtet und bildet eine imposante Masse in guten Verhältnissen, macht aber auf den Kunstverständigen keineswegs den Eindruck eines grossen Kunstwerkes, wie etwa das Grab der Scaliger in Verona oder andere dergleichen, weil alles Figürliche daran zu kleinlich und puppenartig erscheint, die Hauptursache aber, die Lebensmomente des Verewigten, anstatt durch plastische Kunstwerke nur durch trockene, lobhudelnde lateinische Inschriften Ausdruck gefunden haben. In der Uebersetzung Mollers lauten diese Inschriften also:

Erste Tafel.
(sie ist bezeichnet mit dem Buchstaben F. M. CONS.)

Moritz, Herzog zu Sachsen, Herzog Heinrichs Sohn, Herzog Albrechts Neffe, Churfürst Friedrichs des Andern Schwestersohn, ward in dieser löblichen berühmten Bergstadt, den 21. März geboren von Frau Catharina, Prinzessin von Mecklenburg, Herzog Magnus Tochter, im Jahre des Herrn Christi Jesu Geburt Eintausend Fünfhundert Ein und Zwanzig.

Zweite Tafel.

Herzog Moritzens Grossvater, Herzog Albrecht, so des römischen Kaisers Friedrichs des dritten und Maximilians Feinde, als Mathias den Ungarischen König aus Oesterreich und Carl der König von Frankreich aus dem Niederlande geschlagen, ist gestorben im Jahre Eintausend und Fünfhundert.

Dritte Tafel.

Herzog Moritzens Vater, Herzog Heinrich, Gouverneur oder Administrator in Friessland, kommt in der Stadt Tham in Leib- und Lebensgefahr, und als er nachmals das heilige Land Palästina und Galiläa durchzogen, hält er sein christliches Beilager (in seinem Schlosse zu Freiberg), da er neun und dreissig Jahre alt war, als man geschrieben Eintausend Fünf Hundert und Zwölf.

Vierte Tafel.

Da Herzog Georg, S. F. G., Bruder mit Tode abgegangen, hat er sein ganzes Erbland eingenommen, die reine christliche Religion, das heilige wahre unverfälschte lautere Wort Gottes, darüber seine drei Väter (Herzog Friedrich, Herzog Johann und Herzog Johann Friedrich zu Sachsen) treulich gehalten, darinnen befördert und fortpflanzen lassen, welches die grösste Wohlthat des allmächtigen Gottes ist, die einem Lande widerfahren kann. Im Eintausend Fünfhundert und neun und dreissigsten Jahre.

Fünfte Tafel.

Herzog Moritz vermählt sich und hält sein christliches Beilager mit der hochgebornen Fürstin und Fräulein Agnes, des Durchlauchtigsten hochgebornen Fürsten und Herrn, Herrn Philipp Landgraf zu Hessen, ältestem Fräulein, mit welcher er ein Söhnchen, Albrecht genannt, das jedoch jung verstorben ist, und ein Fräulein mit Namen Anna gezeuget, da er zwanzig Jahre alt war, im Jahre Eintausend Fünf Hundert und Ein und Vierzig.

Sechste Tafel.

Als Herzog Heinrich, S. F. G., Herr Vater aus diesem elenden Jammerthal von hinnen in die ewige Freude und Herrlichkeit still und sanft abgefordert, ist Herzog Moritz ins Regiment getreten, darob Jedermann, wegen seiner tapfern fürstlichen christlichen Tugend und Heldenmuthes eine grosse Freude und gute Hoffnung gehabt, auch alle des ganzen Landes Stände und Städte S. F. G. einhellig mit herzlicher und grosser Freude Glück, göttlichen Segen und alle Wohlfahrt gewünschet haben. Im Jahre Eintausend Fünf Hundert und Ein und Vierzig.

Siebente Tafel.

Die Kirchen, hohen und anderen Schulen im Lande hat S. F. G. nicht allein zu erhalten und zu vermehren, sondern zu diesen noch drei besondere Fürstenschulen gestiftet und errichtet, die Städte Dresden und Leipzig herrlich verziert und befestigt, neue Schlösser und fürstliche Häuser gebaut, die alten verbessert und schöner zugerichtet, da man schrieb Eintausend Fünfhundert und Zwei und Vierzig.

Achte Tafel.

Als er mit dem Churfürsten S. F. G. Vater wegen der Stadt Wurzen in Uneinigkeit gerieth, hat man seinen Verstand bewundert, wie er die Sache anfasste, sich auch durch den Rath und die Unterhandlung seines Schwagers, des Landgrafen zu Hessen, zufriedengestellt und die Angelegenheit gütlich beigelegt. Im Jahre Eintausend Fünfhundert Zwei und Vierzig.

Neunte Tafel.

Als die römische kaiserliche Majestät die Festung Ofen in Ungarn belagerte, hatte man Herzog Moritzens Heldenmuth und seines Volkes Tapferkeit und Kühnheit zu bewundern Gelegenheit gefunden. Er hat sein Volk selbst geführt und bewohlet. Im Jahre Eintausend Fünfhundert Zwei und Vierzig.

Zehnte Tafel.

Mit dem römischen Kaiser, Carl dem Fünften, ist er gegen Franz, den König von Frankreich, gezogen. Als er mit seinem Kriegsheere auf Vermundois in der Picardi angekommen und Landrad eingenommen, ist er nach seiner und seinen löblichen Vorfahren unterthänigem und demüthigen Gehorsam und steter Ehrerbietung gegen die römischen Kaiser, diesem zu Hülfe gekommen, im Eintausend Fünfhundert drei und Vierzigsten Jahre.

Eilfte Tafel.

Dem römischen Kaiser Karl ist S. F. G. mit ihrem Herrn Bruder Herzog August abermals mit einem wohlausgerüsteten Heere gegen den König von Frankreich zu Hülfe gekommen und zu Sct. Victorino haben sie die Feinde unerschrocken und ritterlich angegriffen und einen herrlichen Sieg erlangt im Eintausend Fünfhundert und Vier und Vierzigsten Jahre.

Zwölfte Tafel.

Herzog Heinrich von Braunschweig, welcher seinem Herrn Schwager, dem Landgrafen von Hessen, seinem Verwandten und Vettern, schnell und unverhofft ins Land gefallen und mit Krieg überziehen wollte, hat er (Churfürst Moritz) es durch seine Ankunft dahin gebracht, dass dieser Krieg, welcher bereits sich entsponnen, ohne Blutvergiessen abgegangen ist. Im Eintausend Fünfhundert fünf und Vierzigsten Jahre.

Dreizehnte Tafel.

Als sich in Deutschland ein sehr gefährlicher Krieg erhob und Niemand wissen konnte, wohin es kommen konnte (denn im ganzen Lande lag viel und mancherlei Kriegsvolk von Reitern und Knechten, dass man nicht wusste, wer Freund oder Feind war), bedachte Herzog Moritz sein Vaterland und seine lieben getreuen Unterthanen. Und da er den römischen Kaiser Karl genug unterstützt zu haben glaubte, brachte er es dahin, dass alle Gefahr und Gewalt von seinem Lande abgelehnt und er und die Seinen in guter Ruh und Frieden blieb. Im Eintausend Fünfhundert und Sechs und Vierzigsten Jahre.

Vierzehnte Tafel.

Da man alle Sachen in diesem Lande richtig und in gute Ruhe gebracht waren, ist vom römischen Kaiser Karl, Herzog Moritz, Churfürst zu Sachsen (im Beisein von fünf anderen Churfürsten des heiligen römischen Reichs), aus gutem, geneigtem Willen des Kaisers zur churfürstlichen Würde und Hoheit erhoben und solches mit grossem Gepränge und Solennität und hierzu gehörigen Ceremonien, als des heiligen römischen Reiches Erzmarschall und Churfürst in der Reichsstadt zu Augsburg öffentlich ausgerufen und erklärt worden den vier und zwanzigsten Tag des Februar im Eintausend Fünfhundert Acht und Vierzigsten Jahre.

Fünfzehnte Tafel.

Als die weit berühmte und wohlbewahrte und feste Stadt Magdeburg die Sachen, so der Kaiser Karl ihr vorschlug, nicht annehmen wollte, ist Churfürst Moritz zum Kriegsfürsten und obersten Feldherrn ernannt, mit grosser Heereskraft vor die Stadt gerückt, dieselbe fünfzehn Monate belagert und nachdem er endliche Vorschläge gethan und gemacht, hat er sie eingenommen. Im Eintausend Fünfhundert und Zwei und Fünfzigsten Jahre.

Sechszehnte Tafel.

Während dieser Belagerung, auf dass nicht etwa Gelegenheit zu einer Empörung oder einem neuen Tumulte in Deutschland gegeben oder erregt würde, hat Churfürst Moritz mit starker Macht und grosser Schnelligkeit die zusammengelaufene Kriegsrotte, welche sich um Rhüdenheim im Wender Kreis zusammengeschlagen, zerstreut und verjagt. Im Eintausend Fünfhundert Ein und Fünfzigsten Jahre.

Siebzehnte Tafel.

Damit Churfürst Moritz seinen Herren Schwägern Treu und Glauben hielt, rüstete er sich zu einem neuen Zuge nach Clabus in den hohen Welschen Gebirgen, und als der Kaiser Karl die vorgeschlagenen Verträge zu Passau annahm, erhielt er und brachte wieder den Frieden in die christliche Religion und der Fürsten Freiheit, als eine grosse Zierde des deutschen Landes. Im Eintausend Fünfhundert und Zwei und Fünfzigsten Jahre.

Achtzehnte Tafel.

Bald darauf, nachdem dieses geschehen, hat er sein Kriegsvolk zum Schutz wider die Türken und Ungarn zusammengehalten, darob die Türken, da sie seinen Namen nennen hören, sehr erschraken. Er hat die Inseln und andere Gegenden bei der Donau besetzt und den Einwohnern daselbst, welche dem Feinde fast in den Weg gekommen und bedrängt waren, Schrecken und Furcht benommen und sie vor grossem Schaden bewahrt. Im Eintausend Fünfhundert und zwei und Fünfzigsten Jahre.

Neunzehnte Tafel.

Als Herzog Albrecht, Markgraf zu Brandenburg, mit Heereskraft, Feuer und Brand im Vaterlande tobte und wüthete und über die Weser gekommen war, ist ihm Churfürst Moritz beim Schlosse Peina auf Sülfriedrichroken Felde begegnet, wobei es zu einem Treffen kam. In dieser Feldschlacht, wo er den Sieg erlangt und das Feld behauptet hatte, ist er mit einer eisernen Kugel aus einem Handrohr durch seine Eingeweide geschossen und den dritten Tag darnach, als den 11. Juli, selig verschieden (und hierauf den 23. Juli zu Freiberg begraben worden) im Eintausend Fünfhundert und drei und Fünfzigsten Jahre.

Zwanzigste Tafel.

August, Herzog und Churfürst zu Sachsen, hat seinem geliebten Bruder, dem Churfürst Moritz, welcher in allen Kriegen ein tapferer, grossmüthiger und unerschrockener Held den Sieg erhalten, zum ewigen Gedächtniss dieses Monument und Grab erbaut, setzen und aufrichten lassen, als er mit ewig währender Ehre gelebt hat zwei und dreissig Jahre drei Monate ein und zwanzig Tage und zehn Stunden.

Zu denjenigen Theilen dieses Monumentes, welche auf Kunstwerth Anspruch machen können, sind eigentlich nur die zwölf Figuren auf der obersten Stufe des Sockels zu zählen, welche an Michael Angelo's Schule erinnern und sowohl durch ihre Stellungen, als durch den Faltenwurf ihrer Gewänder sich auszeichnen. Man glaubt zwar, dass sie die neun Musen und drei Grazien vorstellen; allein da sie alle Schrifttafeln oder Bücher in den Händen halten, so scheinen sie wohl Genien anzudeuten, welche die Thaten des hier Ruhenden aufzeichnen. Diesen Gegenständen schliessen sich die Basreliefs in den Sockeln und Postamenten des Unterbaues und die Löwen-Verzierungen würdig an; endlich verrathen die weiblichen Masken im Gesims des Unterbaues ebenfalls eine gute Arbeit. Alles Architektonische ist ziemlich gut gearbeitet, die Zusammensetzung aber öfters mangelhaft und ausgekittet. Vorzüglich sind die zwanzig Geschichtstafeln nicht sauber genug eingesetzt. Des Künstlers Name, welcher das Monument entwarf und ausführte, ist nirgends zu ent-

1

decken. Moller sagt nur in seiner Chronik, dass das Monument aus dinantischem Marmor ausgeführt sei; daher möchte man einen Niederländer für den Baumeister halten, da diese ebenso wie die Italiener in solchen Arbeiten sich damals auszeichneten.[19]

Ein reich verschlungenes Gitterwerk von geschmiedetem Eisen, theilweis vergoldet, umschliesst das Monument auf drei Seiten; dasselbe ist erst im Jahre 1595 zu dem Zwecke hergestellt worden, das Begehen des Churfürstlichen Begräbnisses von der Kirche aus nach dem hinteren Raume abzuwehren. Später wurde jedoch der ganze Chorraum durch die beiden grossen eisernen Gitter in der Scheidemauer zwischen den Schiffen der Kirche und dem Chore abgeschlossen.

Ein besonderes geschichtliches Interesse gewährt hier noch die vor der nördlichen Seitenwand auf einem Kragstein statuenartig aufgestellte Rüstung des Churfürsten Moritz, welche er in der Schlacht bei Sievershausen trug, als er den tödlichen Schuss unter dem Gürtel in die Hüfte erhielt. Welchen Werth man auf diese Rüstung und deren Zubehör legte, davon giebt folgende Thatsache ein Beispiel. Kurz nach Vollendung des Monumentes und der gleichzeitigen Aufstellung dieser Rüstung hat im Jahre 1556 ein Bergmann Namens Beseler auf Veranlassung eines fremden Reiters das Schwert und den Dolch von obengenannter Rüstung entwendet. Zwar erhielt man Beides wieder, der Dieb aber büsste dafür mit seinem Leben auf dem Rade.

Wir betreten hierauf in östlicher Richtung den vom Charfürst Christian I. vergrösserten und reich mit Kunstwerken ausgeschmückten ehemaligen Chorraum.

Der Grundriss des ganzen hinteren Raumes ist so angeordnet, dass die acht nach Aussen vorspringenden Pfeiler, welche sieben von Fenstern durchbrochene Wände einschliessen, auch nach Innen vortreten, und zwar die ersten beiden stärker als die übrigen. Es ist hierdurch Gelegenheit zu einer reichen Architectur geboten, indem die acht Pfeiler bis zur Decke fortgeführt werden konnten.

Die Decoration dieser Wände und Pfeiler ist folgende: Ihrer Höhe nach zerfällt sie in zwei Haupttheile, nämlich in einen Unter- und einen Oberbau. Der Unterbau besteht zuerst aus einem drei Ellen hohen Fussgestelle mit Sockel, Mittelstück und Deckgesims aus verschiedenfarbigen Marmorarten. Das Mittelstück ist durch schmale Pfeiler, zwischen welchen Schrifttafeln eingesetzt sind, nochmals getheilt. Die Pfeiler sind oben vorspringend, abgerundet und auf der bogenförmigen Oberfläche mit Löwenköpfen aus weissem Marmor verziert.

Auf diesen Fussgestellen erhebt sich ein korinthischer Säulenbau mit reichem Gebälk und vielen Vor- und Rücksprüngen. Die ersten beiden Pfeiler bilden gleichsam ein Proscenium, hinter welches die übrigen zurücktreten. An jedem Pfeiler sind, theils durch die Säulen mit ihren an der hintern Wand anliegenden Pilastern, theils durch eine flache Vertiefung in der Wand, sich Nieschen angeordnet, davon sechs die lebensgrossen bronzenen Standbilder fürstlicher Personen, die zwei hintersten aber allegorische Figuren, ebenfalls in Bronze und lebensgross ausgeführt, in sich aufgenommen haben. Ein vielfach nach der Säulen- und Pfeilerstellung gekröpftes Gesims entwickelt eine reiche Abwechselung von Licht und Schatten und bewirkt ein angenehmes Farbenspiel der schönen Marmorarten.

Betrachtet man die hier aufgestellten Bronzestandbilder der Reihe nach von links nach rechts, so sieht man sich zuerst vor Churfürst Johann Georg I. Es ist diess die letzte Statue, welche hier aufgestellt wurde; denn sie soll nach ihrer Vollendung gegen zwanzig Jahre in diesem Raume in einem Kasten eingepackt gestanden haben, ehe man sie aufstellte.[20] Auch ist ihr später weder

---

[19] Auf dem Rücken einer der auf dem Sockel sitzenden Statuen ist ein P eingravirt.

[20] Wilisch in seiner Freibergischen Kirchenhistorie 1. Seite 121 giebt als Ursache der verzögerten Aufstellung an: „weil Christian II. allhier noch nicht befindlich." Es scheint also, dass man die Absicht gehabt

Wappen noch Inschrift beigefügt worden. Es erscheint allerdings sonderbar, dass hier anstatt des Bildnisses der Gemahlin Churfürst Christians I. die des Churfürsten Georg aufgestellt ist, ein Umstand, der nur daraus sich erklärt, dass die Churfürstin Sophie erst 1611 starb, und man ihr doch nicht vor ihrem Tode eine Statue errichten konnte.

Das zweite Standbild zeigt uns Anna, Gemahlin des Churfürsten August, die sogenannte „Mutter Anna," von welcher die Sage geht, dass sie auf dem Ostra-Vorwerk bei Dresden Butter und Käse bereitet habe.

Das dritte Standbild stellt Catharina, die Gemahlin Herzog Heinrichs, vor. Diesem gegenüber sehen wir im vierten Standbilde Herzog Heinrich selbst, neben ihm Churfürst August. Das letzte zeigt uns Churfürst Christian I., den Erbauer dieser Begräbnisskapelle. Sämmtliche Bronzestandbilder sind, wenn auch nicht als ausgezeichnete Werke der Sculptur und Giesskunst anzusehen, doch immer der Beachtung werth, namentlich sind die Köpfe mit vielem Ausdrucke modellirt. Als Bildhauer dieser Statuen wird ein gewisser Pietro Boselli [21] genannt; nirgends aber wird angeführt, wo derselbe seinen Wohnsitz hatte und wer sie goss.

An den beiden Pfeilern hinter dem Altare sind die allegorischen Standbilder des Glaubens und der Liebe, der Hoffnung und der Gerechtigkeit in zwei Etagen über einander aufgestellt. Zwischen den fürstlichen Standbildern befinden sich unter den Fenstern grosse weisse Marmortafeln mit lateinischen Inschriften.

Dieser Unterbau ist durchgängig aus fein polirtem Marmor in sehr verschiedenen und schön gewählten Arten und Farben errichtet und mit der grössten Sorgfalt gearbeitet. Hierüber erhebt sich nun der Oberbau, welcher, wie schon berührt, bis an den Anfang der gewölbten Decke reicht. Er besteht an jedem Pfeiler wieder aus einem hohen Sockel mit pfeilerartigen Vorsprüngen, in deren Mitte sich, von Engeln umgeben, die Churfürstlichen Wappen in Marmor vortrefflich ausgeführt befinden. Ueber diesen hohen Sockeln sind an jedem Pfeiler grosse Nieschen mit korinthischen Pilastersäulen in dreifacher Verkröpfung mit reich verzierten Gebälken angeordnet. In diesen 8 Nieschen stehen die aus Gyps gefertigten mit Bronze überstrichenen Standbilder der Propheten und zwar, von rechts angefangen, Zacharias, Malachias, Hosens, Esaias, Maleachi, Joel, Jeremias und Daniel in Ueberlebensgrösse auf stark vortretenden Consolen, auf welchen Sprüche der Weissagung aufgezeichnet sind.

Vor dem mittelsten Fenster hinter dem Altare steht die Statue des Heilandes mit der Auferstehungsfahne in der linken Hand. Eine grosse Anzahl Wappenschilder haltende Engel, theils weiss, theils bronzirt, sind auf den vorspringenden Ecken des Sockels, und eine ebenso grosse Anzahl, musikalische Instrumente haltend, auf das oberste Gesims vertheilt; letztere sind sämmtlich bronzirt.

Dieser ganze Oberbau ist nur aus Holz, Stuck- und Gypsmasse aufgeführt und sticht daher gegen den Marmor im Unterbau gewaltig ab. Auch ist die schwarze Farbe der Nieschen hinter den bronzenen Propheten schlecht gewählt, da sich letztere desshalb vom Hintergrund nicht abheben können. Die ursprünglich gewölbte Decke, welche an dem obersten Pfeiler durch einen gedrückten, gothischen, stark profilirten Bogen von dem vorderen Theile des Begräbnisses abge-

hat, auch den übrigen hier ihre Ruhestätte findenden Fürsten Sachsens Bronzestatuen zu errichten, daher die churfürstliche Begräbnisskapelle später noch hat erweitern wollen. Dass eine solche Idee vorgelegen hat, erkennt man äusserlich an der verzahnt abgebrochenen Umfassungsmauer und innerlich an dem unabgeschlossenen Ende der Wanddecorationen.

21) Benseler II. S. 727.

schlossen wird, ist durch angetragene Stuckmasse mit Hilfe von Malerei in einen Wolkenhimmel verwandelt worden, in dessen Mitte von einer, grösstentheils gemalten, Glorie aus Engelsköpfen der Heiland mit der Auferstehungsfahne in Ueberlebensgrösse schwebt und, gleichsam zum jüngsten Gericht kommend, die himmlischen Heerschaaren um sich versammelt. Diese sind in grossen Engelsgestalten um ihn her dargestellt und tragen die Marterwerkzeuge, Kreuz, Leiter, Nägel, Dornenkrone, Martersäule, Spiess und Schwamm in den Händen. Zu den Füssen des Heilandes schwebt der Engel Gabriel, ein blosses Schwert in der rechten, eine Waage in der linken Hand haltend. Vier andere Engel stossen nach allen Seiten in Posaunen. Alle Figuren heben sich fast ganz vom Hintergrunde ab, sind überlebensgross und in Naturfarbe grell gemalt, alle Attribute aber vergoldet.

Der Altar besteht ebenfalls aus polirtem Marmor und bildet eigentlich nur einen grossen Tisch in antiker Form mit einer senkrechten Wand an der Rückseite, welche ausgebogen und mit Gesimsen abgedeckt ist. Auf diesen Gesimsen liegen Johannes der Täufer und der Apostel Paulus in ⅔ natürlicher Grösse. Zwischen ihnen steht der gekreuzigte Heiland, alle drei sind in gegossener Bronze sehr gut ausgeführt.

Noch ist einer Menge kleiner Wappenschilde der Graf- und Herrschaften, die zu den Churfürstlichen Besitzungen gehörten, zu gedenken, welche an dem Gebälke des Unterbaues gleich Schmetterlingen angeheftet sind. Sonderbar nehmen sich nun zwischen dieser pomphaften Mauerbekleidung des Renaissancestyles die gothischen Fenster mit ihren kleinen runden Scheiben aus; sie gewähren so recht ein trauriges Bild der Veränderlichkeit der Ansichten in Geschmackssachen.

Fragen wir, welchem Grundgedanken dieser Bau entspricht, so werden wir sehr bald erkennen, dass die knieende Stellung ihrer Standbilder den frommen gottergebenen Sinn der Fürsten zur Darstellung bringen, während die acht Propheten durch ihre Weissagungen auf den rechten Weg zum Himmel hindeuten sollen. Das an der Decke der Kapelle dargestellte Weltgericht versinnlicht den Gedanken, dass erst nach dem Tode über unser Schicksal entschieden und nur diejenigen in den Himmel eingehen werden, welche im wahren Glauben an ihren Erlöser Jesus Christus nach einem gottesfürchtigen Leben diese irdische Welt verlassen haben.

Was den Kunstwerth dieses Churfürstlichen Begräbnisses betrifft, so enthält es in seinen Marmorarbeiten und im Broazegusse Viel des Schönen und Werthvollen, namentlich sind die Säulen mit ihren Füssen und Capitälen trefflich proportionirt und meisterhaft ausgeführt. Ebenso ist das korinthische Gebälke schön profilirt; nur die weiblichen Maaken des Frieses sind von schlechter Erfindung und Ausführung. Der Oberbau dagegen, welcher schon in materieller Hinsicht bedeutend vom Unterbau absticht, ist in seiner architektonischen Anordnung von geringem Kunstwerth, doch sind die Figuren sämmtlich gut proportionirt und die bronzirten Engelsgestalten auch gut ausgeführt.

Da aber hier die Täuschung, wirklichen Marmor durch gemalten Stuck darzustellen, nicht erreicht worden ist, so macht der Oberbau den Eindruck von eingetretener Armuth und stört die Illusion, namentlich da, wo der Bronzefarbenanstrich bereits abgeblättert ist und den Gyps blossgelegt hat. Hingegen sind in diesem Oberbau die fürstlichen Wappen über den Bronzestatuen sehr gut in Marmor ausgeführt.

Der Fussboden dieses ganzen Raumes ist mit bronzenen Platten von folgenden fürstlichen Personen belegt.

1) Herzog Heinrich, geb. den 16. März 1473, † den 18. August 1541.

2) Herzogin Catharina, dessen Gemahlin, † den 6. Juni 1561.

3) Churfürst August, geb. den 31. Juli 1526, † den 11. Februar 1586.

4) Churfürstin Anna, dessen Gemahlin, geb. den 22. Novbr. 1532, † den 1. Oct. 1585.

5) Churfürst Christian I., † den 25. September 1591 im 31. Jahre.

6) Frau Sophia, seine Gemahlin, † den 7. December 1622 im 55. Jahre.

7) Herzog Albrecht, Churfürst Moritzens Söhnchen, 19 Wochen alt;

ferner folgende Kinder Churfürst August's:

8) Hans Heinrich, 27 Wochen 5 Tage alt.

9) Leonora, 1½ Jahr alt.

10) Joachim, 28 Wochen alt.

11) Hector, 1 Jahr 25 Wochen alt.

12) Magnus, 3 Jahr 6 Wochen alt.

13) Amalia, ½ Jahr alt.

14) Marie, 4 Jahr alt.

15) Alexander, 15 Tage 8 Stunden alt.

16) August, 16 Wochen alt.

17) Adolph, 35 Wochen alt.

18) Friedrich, 31 Wochen alt.

Kinder Churfürst Christian I.:

19) Amalie Sabine, 12 Wochen alt.

20) Elisabeth, 1 Jahr alt.

Kinder Georg I.:

21) ein todtgeborener Herzog.

22) Christian Albrecht, 22 Wochen 5 Tage alt.

23) Heinrich, 6 Wochen 5 Tage alt.

24) Sibylla Maria, 23 Wochen alt.

Unter den in diesem Raume Begrabenen sind auch Churfürst Christian I. und seine Gemahlin angeführt, allein ihre Särge stehen in der später noch anzuführenden neuen Gruft rechts vom Monument des Churfürsten Moritz.

Betrachtet man aber die über dem Fussboden des ganzen Raumes fast symmetrisch angeordneten bronzenen Grabtafeln mit ihren in Lebensgrösse eingravirten und zum Theil noch Spuren von Vergoldung zeigenden Bildnissen, deren Kunstwerth nicht abzusprechen ist, so drängt sich der Gedanke auf, dass diese Tafeln nicht über den Gräften der hier Begrabenen liegen können; denn als z. B. Herzog Heinrich der Fromme hier beerdigt wurde, gehörte der Raum, wo seine Grabtafel liegt, noch gar nicht zur Begräbnisskapelle, sondern lag ausserhalb des hohen Chores auf dem Niedermarkt. Dieser Umstand sowohl, als auch die Unmöglichkeit, dass die Verstorbenen hier in symmetrischer Ordnung hätten begraben werden können, gab der Vermuthung Raum, dass entweder eine grosse vermauerte Familiengruft vorhanden sei, wo die Särge auf oder über einander stehen, oder dass wenigstens mehrere grössere Gräfte zur Aufnahme der Beerdigten gedient haben könnten.

Allein genaue Untersuchungen, welche von dem Verfasser dieses, auf deshalb geschehenes Ansuchen bei der höchsten Behörde, unternommen wurden, haben ganz andere Resultate, als diese Vermuthungen sie erwarten liessen, dargelegt. Denn die jetzt über den ganzen Fussboden symmetrisch verbreiteten bronzenen Grabplatten konnten mit den darunter befindlichen Gräften und ihren Inhabern schon darum in keinem Zusammenhang stehen, weil erstere nach Vollendung des ganzen Raues, welcher in dem Jahre 1626 erfolgt sein wird, aufgelegt worden sind.

Vor Herstellung des genannten Fussbodens waren die Grüfte vom Herzog Heinrich und von Herzog Albrecht (Sohn des Churfürsten Moritz) nur mit Sandsteinplatten bedeckt, auf welchen sich kleine bronzene Schrifttafeln befunden haben mögen; denn bei der Oeffnung dieser Grüfte fand man die Sandsteinplatten mit den Falzen, worin die Bronzetafeln befestigt gewesen sind, in umgewendeter Lage als Decksteine über die Grüfte benutzt, versehen.

Auf dem Grundplan (Taf. I. Fig. 3) ist im hohen Chor der östliche Abschluss der Mauer, wie er zur Zeit von Herzog Heinrichs Begräbniss gestaltet war, so wie auch der Altar in jener Zeit, mit Linien schraffirt angegeben worden. Vor diesem Altar, dessen ehemaligen Standort ich nach Vermuthung ermittelte, fand man beim Nachgraben drei in einer Reihe neben einander liegende Grüfte d. e. f. von 4 Ellen Länge, 2 Ellen Breite und 4 Ellen Tiefe, welche jedoch alle mit Erde ausgefüllt waren.

Die Gruft f wurde zuerst ausgegraben und nahe ihrem Fussboden stiess man auf einen in Fäulniss übergegangenen Ueberrest eines hölzernen Sarges, in welchem sich die Unterschenkelknochen eines männlichen Körpers vorfanden. Ganz gegen den damaligen Gebrauch lag dieser Körper mit dem Gesicht nach Abend gewendet. Diese Gruft erwiess sich bei näherer Untersuchung in ihrer unteren Hälfte als im Felsen mit Schlägel und Eisen ausgearbeitet.

In der zweiten Gruft e fand man, in gleicher Tiefe, ebenfalls die Reste eines in Fäulniss übergegangenen Holzsarges, woran sogar der seidene Ausschlag sich noch erkennen liess, allein von Knochen konnte keine Spur entdeckt werden, doch wurden die Untersuchungen nur bis auf eine Länge von einer Elle vom Fussende ab fortgesetzt und war es daher möglich, dass man bei weiterer Nachforschung noch menschliche Ueberreste finden konnte. Die dritte Gruft d endlich enthielt nahe dem Fussboden in der Erde die nur noch schwache Spur eines Kindersarges.

Da man nun bei weiterer Ausfüllung der Grüfte, um über deren Inhaber näheren Aufschluss zu erhalten, diese Ueberreste gänzlich zerstört haben würde, so musste man sich vor der Hand mit diesen Resultaten begnügen, doch war wohl mit Gewissheit anzunehmen, dass man in der Gruft f den Herzog Heinrich, in der Gruft e seine Gemahlin Catharina und in der dritten d endlich den Herzog Albrecht gefunden hatte.

Nun stimmt aber eine solche Annahme nicht mit den historischen Nachrichten überein; denn der Churfürst Moritz wollte nach seiner letztwilligen Verfügung zwischen seinem Vater und seinem Sohne ruhen: man hätte also in der Gruft e jedenfalls den zinnernen Sarg des Churfürsten Moritz finden müssen.[22] Auch konnte der Herzog Albrecht, ein Kind von 19 Wochen, doch unmöglich gleich anfänglich in eine grosse Gruft beigesetzt worden sein. Da nun aber der Churfürst Moritz nicht in der Gruft neben seinem Vater in einem zinnernen Sarge liegend vorgefunden wurde, so musste er doch wohl, wie die Sage geht, unter oder in seinem Monumente ruhen.

Um darüber Gewissheit zu erlangen, liess ich am östlichen Ende des Monumentes in der Hoffnung nachgraben, hier irgend eine Art Eingang in dasselbe zu entdecken. Man stiess auch hier sehr bald auf eine Ziegelmauer, die sich als die Stirnmauer eines Gewölbes erwies. Nachdem hieraus und aus dem anstossenden Gewölbe einige Ziegel entfernt waren, sah man in einen gewölbten Raum, der jedoch bis beinahe zur Höhe des Gewölbes wieder mit Erde ausgefüllt worden war und nur einen Raum von ³/₄ Elle Höhe freiliess. Nach Entfernung dieser Erdmasse fand man

---

[22]) In der Lebensbeschreibung des Churfürsten Moritz von Dr. Georg Arnold 1719 ist Seite 239 angeführt, dass der Churfürst in Leipzig in der Thomaskirche in einem zinnernen Sarg gelegt worden sei, und nach Mollers Chronik II. Seite 259 soll der hölzerne Sarg durch Bergbediente in einen zinnernen Sarg gesetzt worden sein.

auf dem Fussboden eines in sich selbst zusammengebrochenen Sarg aus dünnem Zinnblech, auf welchem ein grosses Schwert lag, was sich in der Erde liegend verhältnissmässig gut erhalten hatte. Die Oberfläche des Sarges zeigte deutlich die Erhöhung eines darunter liegenden grossen menschlichen Körpers. Nun war es wohl nicht mehr zweifelhaft, dass man hier die Gruft des Churfürsten Moritz gefunden hatte und dass er erst dann hierher versetzt worden war, als man ihm sein Monument errichtete. Der nebenstehende a.Grundriss stellt die Fundamentmauer des Monumentes dar und bezeichnet a die Gruft mit dem Sarge, b und c die nur durch eine Ziegelmauer von 12 Zoll Stärke von der Gruft a geschiedenen Nebenräume, welche nicht gewölbt, doch mit Erde ausgefüllt waren; den Raum d hat man nur vermuthen, nicht untersuchen können.

Wahrscheinlich hat man nach der Versetzung des Sarges aus der Gruft e im Chorraum (wo er sich zuerst befunden haben mag) in diese neue Gruft a letztere mit Erde ausgefüllt, welche dann durch ihre Last den nur mit schwachem Zinnblech beschlagenen hölzernen Sarg, nachdem er durch Fäulniss zerstört war, zusammendrückte; es erklärt sich dann von selbst der hohle Raum im Gruftgewölbe zwischen der Decke und der Erdmasse. Dass aber diese Erdmasse sogleich, nachdem der Sarg hierher versetzt worden war, eingefüllt wurde, wird aus dem Umstande ersichtlich, weil man das Gewölbe nicht wie gewöhnlich auf einem hölzernen Gerüste mit Bögen und Schaalhölzern, sondern über der bogenförmig aufgehäuften Erdmasse erbaute.

Die bei der soeben beschriebenen Aufsuchung gefundenen Ueberreste der Herzogin Catharina und des Herzogs Albrecht mögen erst in der Zeit, als man das Churfürstliche Begräbniss erweiterte, also in den Jahren 1588 bis 1591, ihre jetzigen Stellen erhalten haben, denn vor der Gruft d fand man beim Nachgraben eine kleinere, welche jedoch leer und in ihrer Länge wieder halb vermauert war.

Nimmt man also an, dass Herzog Heinrich in seiner Gruft f verblieb, in der Gruft e aber, welche ursprünglich nur eine Kindergruft gewesen sein konnte, Herzog Albrecht beigesetzt wurde und endlich in der Gruft d Churfürst Moritz seine erste Ruhestätte fand, dann ist es möglich, dass man nach dem Ableben der Herzogin Catharina die Ueberreste des kleinen Herzogs Albrecht aus der zuerst genannten kleinen Gruft e in die grosse Gruft d versetzte und für die Herzogin eine neue grosse Gruft neben ihrem Gemahl herrichtete.

Bei der oben erwähnten Erweiterung der Churfürstlichen Begräbnisskapelle in den Jahren 1588 bis 1591 durch Churfürst Christian I. mag auch die Herzogin Sidonie, Schwester des Churfürsten Moritz, erst ihre jetzige Ruhestätte, nördlich neben dem Monument ihres Bruders, erhalten haben und ist es in diesem Falle auch möglich, dass sie zuerst in der Gruft d, nachdem der Churfürst Moritz unter sein Monument versetzt worden war, Herzog Albrecht aber in der oben genannten halbvermauerten Kindergruft geruht haben kann. Doch darüber lässt sich jetzt keine Gewissheit auffinden. Ausser diesen bereits namhaft gemachten fürstlichen Leichen fand man noch in einer grösseren Gruft unter der bronzenen Grabplatte des Churfürsten Christian I. die starken Zinnsärge vom Churfürsten August und seiner Gemahlin Anna, so wie eines Kindes des Churfürsten Christian. Es scheinen also erst von der Herzogin Sidonie Tode an (deren Gruft man früher schon einmal geöffnet und darin einen zinnernen Sarg gefunden hatte) Zinnsärge in Gebrauch gekommen zu sein, da von hier ab alle fürstlichen Personen in dergleichen Metallsärgen liegen. Nun fehlen zwar noch die Gräber der meisten Kinder von den Churfürsten August und Christian, welche alle hier ihre Ruhestätte gefunden haben und deren Grabtafeln über dem Fussboden verbreitet sind, da man nur von sechs derselben die Särge gefunden hat; allein man hätte müssen den ganzen

Fussboden der Churfürstlichen Begräbnisskapelle aufgraben, um hierüber Gewissheit zu erlangen, was nicht thunlich erschien und die Hauptaufgabe durch die Auffindung der Grabstätten Herzog Heinrichs und seiner Gemahlin, des Churfürsten Moritz und des Churfürsten August nebst Gemahlin gelöst worden war.

Betrachten wir nun das Aeussere dieser Churfürstlichen Begräbnisskapelle, so nimmt sich dieses höchst sonderbar aus (Taf. II. Fig. 2), da man die 8 gothischen Strebepfeiler, welche früher in Giebeldächer mit Thürmchen oder in Pyramidenform geendet haben mögen, in jonische Pilasterpfeiler auf hohen Postamenten mit einem umlaufenden jonischen Gebälke umgewandelt hat. Ueber diesen Pilasterpfeilern sind aber vierseitige hohe Pyramiden aufgestellt, auf denen sich früher Fähnchen mit Wappen befanden. Das Dach hat man an dem hinteren fünfseitig abgeschlossenen Theil glockenförmig abgerundet, an dem vorderen Theil aber in gerader Fläche bis zur Bedachung der Anbaue an beiden Seiten herablaufen lassen. Wahrscheinlich hat sowohl nördlich als südlich über dem niederen Anbau am Vordertheil noch weiter fortgebaut werden sollen, weil hier mit einer gezahnten Mauer abgebrochen ist. Dieselbe Vermuthung drängt sich auch im Innern an dieser Seite auf, weil man die Marmor- und Stuckverkleidung nicht vollständig abgeschlossen hat. Der Baumeister dieses Werkes kündigt sich uns mit beredter Zunge auf einer Marmortafel mit lateinischer Inschrift an. Dieselbe lautet zu deutsch: „Fremdling, stehe still und lies! Was ich sage, ist nur Wenig. Dieses fürstliche Begräbniss ist in 5 Jahren mit besonderer Kunst, vieler Arbeit und grossem Aufwande erbaut. Bei seiner Erbauung war ich nicht allein zugegen, sondern habe dieselbe auch geleitet. Johannes Maria Nossenius von Lugano in Wälschland. Doch rührt nicht blos die Form des trefflichen Gebäudes von mir als dem Baumeister her, sondern ich habe auch den Stoff dazu selbst zuerst in diesem Lande ausgeschürft, aufgefunden und auspolirt. Solches habe ich, damit du, Leser, es wissest, nicht sowohl zu meinem, als dieses Landes Ruhme, weil man darin alle Arten Marmor gewinnet, besonders aber zu dem der tapferen Fürsten Sachsens, welche dieses reich gesegnete Land so glücklich regieren, anzeigen zu müssen geglaubt. Ich habe es gesagt! Gehe hin, gehab' dich wohl und gedenke dabei, wofern du ein Freund der Kunst bist, des Baumeisters zum Besten. Im Jahre 1593."[**]

Wie bescheiden stehen diesem ruhmredigen Italiener die Meister der herrlichen romanischen und gothischen Bauwerke gegenüber, sie, deren Namen man kaum durch Anfangsbuchstaben angedeutet findet.

Weil nun nach dem im Jahre 1591 erfolgten Tode Churfürst Christian I. (der also nicht einmal sein Werk vollendet sehen und auch seine Ruhestätte nicht unmittelbar hier finden konnte) im mittleren Chor kein Raum mehr vorhanden war, so hat man, wie schon früher erwähnt, im anderen Theile rechts neben Moritzens Epitaphium, ein Gruftgewölbe hergestellt, welches 10¼ Elle lang, 8¼ Elle breit und 7 Ellen innerlich hoch ist. Man gelangt dahin auf einer breiten Treppe von 17 Stufen, deren Oeffnung durch eine starke eiserne Fallthüre im Fussboden zugedeckt und verschlossen ist. In der Decke des Gewölbes ist ein Lichtloch angebracht.

In dieser Gruft befinden sich, in zum Theil sehr reich ornamentirten, truhenartigen Särgen, folgende fürstliche Personen beigesetzt:

1) Churfürst Christian I., † den 25. September 1591 im 31. Jahre seines Alters.

[**] Dieser Nossenius war Hofbaumeister in Dresden mit einem, für damalige Zeit sehr hohen Gehalte. Er ist in Dresden gestorben und begraben.

2) Frau Sophia, Gemahlin Churfürst Christian I., † den 7. December 1622.

3) Frau Hedwig, Gemahlin Churfürst Christian II., † 1641.

4) Frau Sybilla Elisabeth, Johann Georgs erste Gemahlin, † 1606, 21 Jahr 7 Monate alt.

5) Herzog August, † 1615 im 28. Jahre.

6) Frau Dorothea, Aebtissin zu Quedlinburg, Christians 7. Tochter, † 1617, im 27. Jahre.

7) Churfürst Johann Georg I., † 1656, im 72. Jahre.

8) Frau Magdalena Sybilla, Churfürst Johann Georg II. Gemahlin, † 1667.

9) Churfürst Johann Georg II., † 1680, im 67. Jahre.

10) Churfürst Johann Georg III., † 1691, im 26. Jahre.

11) Churfürst Johann Georg IV., † 1694, im 26. Jahre.

12) Frau Eleonore Erdmuthe Louise, Johann Georg IV. Gemahlin, † 1696.

13) Frau Magdalena Sybilla geb. Markgräfin zu Brandenburg, Churfürst Johann Georg I. Gemahlin, † 1659.

14) Churfürst Christian II., † 1611, im 27. Jahre.

Nächstdem liegt links vom Denkmale des Churfürsten Moritz in einer besonderen Gruft dessen Schwester

Frau Sidonie, Herzog Ehrigs von Braunschweig Gemahlin, † im Jahre 1575.

Anmerkung. Im Jahre 1830 hat man bei Gelegenheit eines Baues in dem vorgenannten grossen Grabgewölbe die Gruft dieser Herzogin Sidonie geöffnet und in ihrem Sarge einen, um den Hals an einem Bande getragenen, starken goldenen Ring mit einem grossen Aquamarin aufgefunden. Der Körper war in Asche verwandelt, doch Sammet, Seide und Goldspitzen noch ziemlich gut erhalten.

Unter diesen 14 fürstlichen Särgen in der grossen Gruft sind jedoch nur die ältesten durch ihre truhenförmige Gestalt von besonderem geschichtlichem Interesse, z. B. derjenige des Churfürsten Christian I. und einiger späteren fürstlichen Personen. Jedenfalls ist dieser metallene Sarg überall nur die innere Hülle, die einen hölzernen Sarg umschliesst, da zur Anfertigung solcher metallenen Särge eine längere Zeit erforderlich war, als zwischen dem Tode und dem Begräbnisse lag.

Die neueren Särge tragen schon unsere jetzt übliche Form und werden auf ihrer Aussenseite immer reicher, in den Ornamenten dagegen noch immer geschmackloser.

Von auffällig grossem Umfange ist der Sarg Churfürst Johann Georg IV. Dieser Fürst muss von besonders grosser Gestalt gewesen sein, da auch sein Schwert von ungewöhnlicher Länge ist. Der Engel auf dem Haupte des Sarges ist gut modellirt; ebenso das unter ihm befindliche Crucifix. Zahlreiche Schrifttafeln bedecken die Seitenwände des Sarges, zwischen welchen sich der Churhut und das Churwappen in Relief befinden.

Auf jedem Sarge einer männlichen Leiche liegt ein Schwert, wahrscheinlich dasjenige, welches der Verstorbene im Leben am meisten getragen hat.

Von 1696 bis 1811 ist in diesem churfürstlichen Begräbnisse keine Veränderung vorgenommen worden, da seit jener Zeit keine fürstlichen Leichen hier beigesetzt worden sind.

VII. Abtheilung.

Wenden wir unsere Aufmerksamkeit wieder der Kirche zu, so sehen wir, indem wir uns in das Jahr 1638 versetzen, dass der früher angeführte hölzerne Predigtstuhl, links neben der freistehenden hohen steinernen Kanzel, einem von Jonas Schönleben, Churfürstlich Sächsischem Zehntner und Bürgermeister der Stadt, „aus besonderer Andacht und zur Beförderung des Gottesdienstes und Zierde der Kirche aus ganzen Werkstücken auf seine Kosten verfertigten und aufgerichteten Predigtstuhl" Raum gemacht hat.

Diese neue Kanzel Taf. III. Fig. 21. ist ebenfalls steinern, wie die nebenstehende, und in der gewöhnlichen Form an eine freistehende Säule so angebaut, dass die Treppe an derselben wendelartig aufsteigt. Als Träger des Kanzelgehäuses sehen wir einen stämmigen bärtigen Bergmann in damaliger Paradekleidung dargestellt. Unter der Treppe hingegen kniet ein junger Bergmann, um dieselbe zu stützen. Sowohl äusserlich am Gehäuse der Kanzel, als an dem Treppengeländer finden sich, malerisch geordnet, in hocherhabener Sandsteinarbeit Compositionen aus der Passion, z. B. Christus vor Pilatus, die Kreuztragung, Christus am Oelberge, die Kreuzigung und die Grablegung. Die dieses Geländer umfassenden Fuss- und Deckgesimse sind, und zwar ersteres mit facettirten Steinen, letzteres mit einem reichverschlungenen Blätterfries verziert. Ueber dem Kanzelträger ist das erste wulstartig ausladende Fussgestelle des Gehäuses mit den Attributen des Wappens des Erbauers, einem Löwen links, einem Eichhorn rechts und einem Engel in der Mitte, reich und sehr künstlich ausgestattet. Am darüberliegenden Fussgesimse sind auf drei Consolen, und zwar in knieender Stellung, links der Bauherr, rechts seine Gattin und in der Mitte der gekreuzigte Heiland aufgestellt. Letztere drei Figuren sind in Marmor ausgeführt. Der Eingang zur Kanzeltreppe ist mit einem Portal geschmückt, über dessen Sturz im Rundwerk die zwei Evangelisten Matthäus und Markus, und deren Mitte der Prophet Jonas, wie er vom Wallfisch ausgespieen wird, dargestellt. (Diese letztere Darstellung ist das älteste Symbol der Auferstehung.) Die runde Kanzeldecke enthält unter dem Gesims abwechselnd Wappen und Rosetten und darüber die Darstellung des auferstehenden Heilandes und der erschrockenen Kriegsknechte an seinem Grabe. Es scheint nicht, dass diese Kanzel gemalt gewesen ist, denn der Verfasser weiss sich noch zu erinnern, dass bei der im Jahre 1829 geschehenen Restauration erst von einem Anstrich mit bunten Farben die Rede war, der jedoch glücklicherweise nicht erfolgt ist.

Der Kunstwerth dieses Werkes steht, sowohl in Betreff der Originalität der Auffassung als auch der Ausführung, der nebenstehenden alten Kanzel bei weitem nach, da hier nur Gewöhnliches geleistet, und nur die beiden Kanzelträger als etwas Besonderes beigegeben worden sind. Allein auch diese Träger sind in ihren Proportionen und Stellungen ungeschickt, überhaupt ohne Ausdruck und Leben, und daher mit dem Kanzelträger und den übrigen Figuren an der nebenstehenden alten Kanzel nicht zu vergleichen. Dagegen ist die Ausführung vorzüglich des ornamentalen Theiles zu loben.

Erkennen wir an diesem Werke schon einen bedeutenden Rückschritt sowohl in Bezug auf Erfindung als Ausführung, so treten uns im Verlauf der Zeit noch grössere Verirrungen im Geschmack entgegen. Hierber ist z. B. jene Thür zu zählen, welche an der Südseite in die Kreuzgänge führt, sowie auch die des abgetragenen Vorbaus bei der Annenkapelle. Die zuerst genannte Thüre mit ihrer sonderbaren Umfassung hatte wohl keinen anderen Zweck, als den langen Weg durch die Kreuzgänge abzukürzen, sowie Luft und Licht in dieselben zu führen. Sie kündigt sich als die Vorläuferin des gänzlichen Verfalles in der Geschmacksrichtung der Baukunst an. Doch sind die aus jener Zeit entstandenen Eisenarbeiten an Thür- und anderen Verschlüssen aus künstlich verschlungenem runden Stabeisen, welches, durch und in einander gesteckt, in Spirallinien und flachem Blätterwerk ausläuft, als Meisterstücke der Schmiedearbeit anzusehen.

Weit ausschweifender entwickelte sich diese Modearchitectur und Bildhauerei in der Folgezeit bei den Epitaphien an den Gräbern der reichen Patrizier-Familien, deren eine grosse Anzahl, sowohl aus Stein als auch in Holz ausgeführt, bis zum Jahre 1830 in den Kreuzgängen und in der Kirche an den Säulen und Wänden aufgehängt war. An letzterem Orte sind sie zum Theil noch vorhanden. Diese Epitaphien vergegenwärtigen uns so recht den Geist jener Zeit, wo man sich bestrebte, seinen Reichthum und sein Ansehen durch dergleichen Denkmäler zur Schau zu tragen. Der Protestantismus hatte der früheren Sitte, Altäre, Messgeräthe u. s. w. den Kirchen zu verehren, eine andere Richtung gegeben, wobei nur zu bedauern ist, dass die Kunst im Allgemeinen bereits zu weit herabgesunken war, als dass die neueren Werke mit denen der früheren jener Periode verglichen werden könnten.

Von eigentlichem durchgängigen Kunstwerth kann bei den vorgenannten Epitaphien gar nicht die Rede sein; doch zeigen einzelne Theile immer noch gute Verhältnisse, besonders aber grosse praktische Fertigkeit in der Holzbildhauerei. Noch sind einige Exemplare solcher Epitaphien vorhanden, welche ein wahres Chaos von Formen enthalten, wo das Auge keinen Ruhepunkt und keine eigentliche Grundidee entdeckt, sondern wo das Bestreben zu Tage liegt nur recht Auffallendes und Buntes darzustellen, es koste, was es wolle! — Auch viele Bildnisse in der Gestalt von Medaillons in Bronzeguss und getriebenem Kupfer, Metalltafeln mit Schrift in reichen Rahmen, ja auch viele in Oel gemalte Portraits, namentlich von Geistlichen, gehören dieser Periode an.

So hatte sich denn in dem Dome und in den Kreuzgängen seit 1537 eine grosse Menge solcher Denkmäler angehäuft, welche dieser lange Zeitraum mit Schmutz und Staub bedeckte. Eine Renovation der Kirche erschien um so wünschenswerther, als man im Jahre 1710 eine neue Orgel zu bauen für nothwendig fand. Diese Reinigung erfolgte im Jahre 1713. Man begann dabei mit der Abtragung der fürstlichen Emporkirche, welche wie schon erwähnt im Jahre 1537 bis zu den freistehenden Säulen eingebaut worden war und die Kirche sehr verunstaltet und versperrt haben mag. Leider aber errichtete man nun auch in allen Bogennischen unter der Emporo-Gallerie, ja, wo es thunlich war, zweimal unter einander, durch Glaswände mit Zugfenstern abgeschlossene, sogenannte Betstäbchen. Sie wurden sogar theilweise wie man es noch heute sehen kann, mit allem Comfort an Sopha's, Stühlen, Oefen, Tischen u. s. w. ausgestattet. Aber auch die Schiffe der Kirche verbaute man nach allen Richtungen mit Frauen- und Männerständen und verlooste die Plätze darin ebenso wie die in den Betstäbchen.

Diese Einbaue wurden zwar von der Nothwendigkeit geboten, da der oft lang andauernde protestantische Gottesdienst jener Zeit eine gewisse Bequemlichkeit erforderte. Allein man nahm hierbei zu wenig Rücksicht auf die Würde und den Baustyl der Kirche und befriedigte jenes Bedürfnis auf geschmacklose, zum Theil sehr unpassende Weise. Einen ganz besonders störenden und widerlichen Eindruck gewährt das einem Käfig gleich an der Wand, links vom Altare, hängende Betstübchen der Geistlichen.

Endlich legte man unter das, inmittelst auch neu erbaute Orgel- und Singchor die Empore für die Rathsmitglieder und zwar in so kühner Weise an, dass man nach Vollendung derselben genöthigt war vier hölzerne Stützen darunter zu stellen, sollte dieselbe nicht zusammenbrechen. Bei dieser Reparatur und vermeintlichen Verschönerung der Kirche beseitigte man zugleich auch die vom katholischen Cultus noch vorhandenen, obgleich zur Zeit der Reformation für unschädlich befundenen Heiligenbilder an den Pfeilern und Säulen und wies ihnen zum künftigen Aufenthalte das Gewölbe im linken Treppenthurme an, wo sie glücklicherweise bis zum Jahre 1838 erhalten worden sind, nachher aber zum grössten Theile dem Museum des Königl. Alterthums-Vereines in Dresden gegen Revers überlassen wurden. Sie gaben Zeugniss von dem früheren Glanze der Kirche und dem Standpunkte der Kunst in jener Zeit. Als besondere Zierden behielten jedoch die, schon früher erwähnten, Epitaphien an den freistehenden Säulen zum Andenken an die hier begrabenen vornehmen Geschlechter ihre bisherige Stelle.

Die Kirche selbst wurde nun mit Kalk ausgeweisst und alles Sandsteinwerk, welches bisher in Naturfarbe verblieben war, ward sandsteinfarbig, aber recht unnatürlich bunt bemalt und mit Linien eingefasst.

Den wirklichen Glanzpunkt der Umgestaltung bildete jedoch eine neue Orgel von Silbermann, rücksichtlich welcher nur zu bedauern ist, dass sie sich in einem Gehäuse befindet, das zwar der damaligen Zeit (und auch jetzt noch Nichtkennern der Baustyle) prachtvoll erscheinen mochte, in der That aber als ganz unpassend bezeichnet werden muss. Diese Orgel ist eins der grössten Werke des berühmten Orgelbauers Gottfried Silbermann, welcher in Freiberg seinen Wohnsitz hatte. Sie hat 45 Stimmen mit 6000 Pfeifen und 10 Bälgen und ist für 1700 Thaler excl. der sämmtlichen Materialien, welche vom Rathe dazu geliefert wurden, hergestellt worden. Man giebt ihre Kosten zusammen auf circa 4000 Thaler an, berechnet jedoch ihren Werth auf wenigstens 24000 Thaler.

Die Vergrösserung des Orgel- und Singchores konnte nach dem damals herrschenden Baugeschmack nicht anders, als in verschiedenartig aus- und eingebogenen Formen erfolgen und mit dem so beliebten Dockengeländer umzogen werden, weshalb man das frühere gothische steinerne Geländer abbrach. Kurz, alle Umstände vereinigten sich, die Würde des einst so erhabenen Gotteshauses zu einem Museum verschiedenartiger Geschmacks- und Ungeschmacksrichtungen umzugestalten.

Allein auch äusserlich blieb die Kirche nicht unverändert, weil nach den ein- und angebauten Betstübchen Treppen und Zugänge geschafft werden mussten. So sehen wir denn auf der nördlichen Seite drei, auf der südlichen, im grünen Kirchhofe, zwei solche schuppenartige Treppenhäuser an die grossen Flächen der Aussenseiten, wo sie der Kirche keinesweges eine Zierde gewähren können, angebaut. (Hiervon wurde an der Südseite das kleinere 1862 gänzlich abgetragen, das grössere stylmässig verändert.)

In diesem Zustande blieb die Kirche bis zum Jahre 1818, wo man die drei, schon früher genannten, auf dem Bilde Taf. III. Fig. 17. noch sichtbaren Thürmchen auf den Kreuzgängen abtrug, um sie nicht in baulichem Zustande erhalten zu dürfen.

Innerlich erhielt aber die Churfürstliche Begräbnisskapelle im Jahre 1811 noch nachträglich einen neuen Zuwachs an fürstlichen Leichen und ein neues Epitaphium (Taf. V. Fig. 28a). Weil nämlich das Schloss zu Lichtenburg in dem gedachten Jahre zu einem Zuchthaus umgewandelt wurde, fand es der König Friedrich August der Gerechte nicht mehr passend, die Leichen der fürstlichen Frauen, der Churfürstin Anna Sophia, der Mutter August's des Starken, der Gemahlin Johann Georg III, mit ihrer, im Leben wie im Tode eng verbundenen, Schwester, der Churfürstin von der Pfalz, Wilhelmine Ernestine, in dem auf ihre Anordnung gebauten Begräbnisse zu Lichtenburg zu belassen. Es sollten deshalb die beiden lutherischen Churfürstinnen in dasjenige Begräbniss gebracht werden, wo der Gemahl der ersteren, Johann Georg III, mit allen übrigen protestantischen Vorfahren des Regentenhauses bereits seine Ruhestätte gefunden hatte. Allein diese Gruft war schon durch 14 Särge so angefüllt, dass in ihr kein Raum mehr gewonnen werden konnte, wenn man nicht die Särge auf einander stellen wollte. Da nun diese Fürstinnen und zwar Anna Sophia schon im Jahre 1717 und Wilhelmine Ernestine im Jahre 1706 verstorben waren, so sah man von Einsenkung ihrer Särge ab, stellte sie in die südliche Vertiefung der rechts gelegenen kleinen Kapelle über der grossen Fürstengruft und erbaute darüber eine kleine Halle, vor derselben aber ein grosses portalartiges Epitaphium, wie solches in Lichtenburg gestanden haben mochte, wenigstens suchte man die dort abgenommenen und hierher gebrachten Statuen und Ornamente, welche mit den marmornen Särgen gegen 300 Centner Gewicht gehabt haben, ebenso anzuordnen, wie sie ursprünglich gestanden hatten. Das Epitaphium besteht eigentlich nur aus einem Portal, dessen messingene und vergoldete niederen Doppelthüren nach den dahinter stehenden Särgen führen.

Dieser kleine Raum ist in einer Höhe von 4 Ellen statt eines Gewölbes mit starken Steinplatten bedeckt und nur schwach von dem dahinter erbauten Fenster beleuchtet. Die Thür ist einfach, mit einer schwarzen Marmoreinfassung vor der Wand des Portales hervortretend, verziert; darüber sieht man als Sinnbild des Todes die vordere Seite eines ebenfalls marmornen Sarges von schwarzer Farbe, auf welchem sich Inschriften und eine Urne befinden. Zu beiden Seiten dieses Sarges sitzen zwei weibliche Statuen, von welchen die linke den Glauben mit Kelch und Kreuz, die rechte aber die Busse vorstellen soll. Zu beiden Seiten der Thür stehen auf niederen Postamenten zwei lebensgrosse Statuen, welche als die mütterliche Liebe und die Demuth betrachtet werden können. Die Liebe, links vom Beschauer stehend, trägt ein schlafendes Kind auf ihrem linken Arme und hält mit der rechten Hand ein zweites grösseres, neben ihr stehendes weinendes Kind. Die Demuth oder Mildthätigkeit (bei Benseler als Hoffnung bezeichnet), rechts vom Beschauer, hält mit der linken Hand zwei Zackenkronen, mit der rechten greift sie in ein neben ihr stehendes Füllhorn mit Blumen. Die Demuth scheint dadurch ausgedrückt, dass sie wohl ihre eigene als auch der Liebe Krone (denn die Kronen können doch nur ihren Rang als Fürstin bezeichnen) statt auf dem Kopfe, nur in der Hand trägt, während die andere Hand zum Blumenstreuen auf die Mildthätigkeit zu deuten ist. Dafür ist ihr Haupt mit Lorbeerzweigen geschmückt worden als Sinnbild zukünftiger Erhöhung.

Die ausdrucksvollen, doch eigenthümlichen Gesichtszüge deuten auf Portraitähnlichkeit beider Schwestern hin. Ihre Namen sind schon oben angeführt.

Das Frontispice dieses Portales zieren die vereinigten mit Schildmantel und Palmenzweigen umgebenen Wappen beider Prinzessinnen. Oberhalb des Wappens ist durch einen Engel- und unterhalb desselben durch einen Todtenkopf die Vereinigung beider Schwestern im Leben wie im Tode sehr bezeichnend ausgedrückt. Den Schluss bildet eine grosse Königskrone. Neben und unter dem Wappen sind noch vier Kindergestalten, dreiviertel erhaben aus der Portalwand vorstehend, angebracht, welche den Himmel, die Hölle, den Tod und das jüngste Gericht vorstellen.

Ausserdem hat man, um die leere Wand mehr zu füllen, noch zwei mit Lorbeerzweigen durchstechte Kränze eingemauert.

Was den Kunstwerth dieses Werkes betrifft, so verräth es eine, in modernem Style, tüchtige Bildhauerarbeit, wenn auch die Idee nicht gerade eine geistvolle genannt werden kann und namentlich die Statue des Schmerzes sich mehr wie eine Furie ausnimmt. Die Verhältnisse der Körpertheile sind in naturgemässem Ebenmaasse, obgleich wenig antike Grazie in den Stellungen verrathend, ausgeführt. Die Draperie der Gewänder kann keinen Anspruch auf Naturwahrheit machen, sondern entstellt, wie alle Arbeiten dieser Zeit, so auch diese. Es ist diess eine ganz eigen manirirte Darstellungsweise, welche jedoch eine tüchtige technische Fertigkeit in der Führung des Meisels auf Marmor bekundet. Allein der architectonische Theil als der eigentliche Träger der Bildhauerei ist ohne allen Geschmack angeordnet und verräth sich als die Arbeit eines, mit dem zu den Bildhauerarbeiten der damaligen Zeit gehörigen Baustyle ganz unbekannten, gewöhnlichen Maurers. Es ist daher zu beklagen, dass bei Versetzung dieses Epitaphiums aus Lichtenburg so wenig Sorge auf die Erhaltung und genaue Wiederholung des architectonischen Theiles gewendet wurde; denn sicher ist die ursprüngliche Form nicht genau wiedergegeben worden.

Als der Verfertiger der Bildhauerarbeiten nennt sich an der Fussplatte der rechten Statue Balthasar Permoser aus Salzburg, welcher das Monument für Lichtenburg nach den Jahren 1717 verfertigt hat. Dieser Permoser ist übrigens auch berühmt durch schöne Elfenbeinarbeiten, namentlich durch meisterhaft gearbeitete Crucifixe, wovon sich ein Exemplar in der St. Jacobikirche allhier befindet.

Noch einen Zuwachs, wenn auch nicht an fürstlicher, so doch durch die Leiche eines auf dem Gebiete der Wissenschaften höchst ausgezeichneten Mannes, erhielten die Kreuzgänge in Folge des zu Dresden im Jahre 1818 eingetretenen Ablebens des Bergraths Abraham Gottlob Werner. Sein Leichnam wurde, obwohl die Erlaubniss zu Begräbnissen im Dom und den Kreuzgängen bereits erloschen war, dennoch in den letzteren, nahe der goldnen Pforte, in einer Gruft beigesetzt. Wie sehr sich aber mittlerweile die frühere Sitte den hier Begrabenen pomphafte Epitaphien zu setzen, auf welchen ihr Lebenslauf in lateinischer oder deutscher Sprache zu lesen war, vereinfacht hatte, das sehen wir recht deutlich an Werners, von seiner Schwester ihm errichteten, Grabstein, welcher erst in diesem Jahre bei Gelegenheit seiner Versetzung eine reichere Umgebung erhielt.

So vergingen wieder mehrere Jahre ohne irgend eine Veränderung in und an dem Dome nebst den Kreuzgängen, bis im Jahre 1824 das Deckengewölbe des Domes an mehreren Stellen schadhaft geworden sein sollte. Da man nun einmal ein stehendes Gerüste erbauen zu müssen glaubte, so beschloss man, das Innere der Kirche einer Ausbesserung und Reinigung zu unterwerfen, wobei man zugleich die fünf an den Säulen des Mittelschiffes, den Kanzeln gegenüber, angebrachten Wappen unter dem Vorgeben entfernte, dass ihr Anblick den Prediger störe (?!). Es muss jedoch die damalige Reinigung nicht gründlich genug geschehen sein, weil man sich im Jahre 1829 schon wieder zu neuen umfangreichen Reparaturen genöthigt sah. Diese letzten Reparaturen setzten aber allen früheren die Krone der Verkehrtheit auf, indem man auf eine so willkürliche und eigenmächtige Weise dabei verfuhr, als ob die Kirche das grosse Wirthschaftsgebäude eines Rittergutes wäre, und der Bauherr nicht wüsste, wie er den Ueberfluss seines Geldes verwenden sollte. Da jedoch auch dieser letztere Reparaturbau eben so zur Geschichte der Kirche gehört wie die früheren baulichen Veränderungen, so mag desselben hier einer kurzen Erwähnung geschehen.

Zuerst erfolgte eine neue Ausweissung des Gewölbes mit weissem Kalk, hierauf nahm man die sämmtlichen, schon früher genannten, an den Schlusssteinen des Gewölbes angehefteten, auf

Kupfer gemalten Wappen ab und entfernte fast alle in dem Dome noch aufbewahrten Epitaphien, vorzüglich diejenigen mit messingenen und kupfernen Schrifttafeln, welche zugleich an den Säulen oder auf dem Fussboden befestigt waren. Ebenso wurden die beiden steinernen Marienbilder abgenommen, welche bis dahin noch bei jeder Renovation Gnade gefunden hatten, nämlich das kleinere auf dem sogenannten kleinen Chore über dem Altare und das grosse Mohnhauptsche an der zweiten linken freistehenden Säule. Hierauf wurden die sämmtlichen massiven Theile der freistehenden und der angebauten Kanzel mit Kalk angestrichen.

Damit aber doch die alten Portraits der Geistlichen an der Domkirche, deren einige geschichtlich denkwürdig sind, nicht verloren gingen, hing man sie an den beiden Schildmauern der östlichen Giebelseite rechts und links neben dem Churfürstlichen Begräbniss bis in die 38 Ellen hohe Spitze der Mauerfläche auf, wo man sie freilich kaum mit einem guten Fernglas betrachten kann. Um die Zugluft in der Kirche zu verhindern, verschloss man die nach Aussen führenden Thüren mit Doppelthüren und richtete sich dabei nicht einmal nach den Mustern von 1713, sondern nach eigenem Geschmack.

Der Fussboden des mittleren Ganges wurde mit neuen grossen Sandsteinplatten belegt, wozu man zum Theil alte Leichensteine verwendete, von welchen man die messingenen Platten abgenommen hatte. Es war zugleich die Rede davon, auch die steinerne hohe Kanzel als ein jetzt unnützes Möbel an einen anderen Ort der Kirche, in den Winkel rechts vom Eingange neben die grosse Wendeltreppe, zu versetzen; glücklicherweise unterblieb die Ausführung dieses unbegreiflichen Gedankens. Die Verschönerung am Aeusseren der Kirche fiel nicht vortheilhafter aus. Man erbaute zuerst ein neues Thürmchen auf der östlichen Giebelspitze des Daches und zwar nach chinesischem Geschmacke mit einem grossen fassähnlichen Knopfe und einer Wetterfahne darauf. Ferner behing man die Dachtraufe des grossen Daches der Kirche mit Dachrinnen und Abfallrohren, die sich jedoch schon im nächsten Jahre als unzweckmässig erwiesen, daher wieder abgenommen werden mussten und um ein Spottgeld verauctionirt wurden, während das sämmtliche Eisenwerk stecken blieb.

Damit aber von dem vielen Kupfer, Messing und Bronze, welches man im Innern der Kirche durch Entfernung der Leichensteine, Epitaphien, Wappen u. s. w. erbeutet hatte, der Kirche ein Andenken zurückblieb, liess man aus diesem Metalle ein, 4 Ellen im Durchmesser haltendes, hohl getriebenes Zifferblatt mit erhabenen römischen Zahlen fertigen, welches gegen 600 Thaler gekostet haben soll. Die Kosten sowohl dieser Reparatur am Dom wie an den anderen Kirchen erwiesen sich aber als so bedeutend, dass man Bedenken trug, die Rechnungen zu justificiren und vielmehr den Beschluss fasste, sie von einem Sachverständigen prüfen zu lassen; in Folge dessen wurde ein nicht unbedeutender Ersatz von der Bauführung verlangt, der jedoch durch Vergleich sehr herabgesetzt worden ist. Weil man nun auch an den Kreuzgängen lange keine Reparaturen vorgenommen hatte und namentlich die Bedachung in sehr defectem Zustande sich befand, ausserdem aber die Fussböden so beschaffen waren, dass man an vielen Stellen, hauptsächlich vor der goldnen Pforte, fast nicht mehr ohne Gefahr, in die darunter befindlichen Grüfte zu versinken, passiren konnte, so ging man damit um, dieselben ganz abzutragen und den Platz einzuebnen. Doch nahm sich damals der verstorbene Herr Oberberghauptmann Freiherr von Herder im Verein mit dem nun ebenfalls verstorbenen Oberhofmarschall Herrn von Reitzenstein und andere hochgestellte Männer, sowie auch späterhin der kurz vorher zusammengetretene Königl. Alterthumsverein in Dresden derselben an, liess sie mit grossem Aufwande wieder herstellen und legte darin ein Museum für christliche Alterthümer an, wozu die im Thurmgewölbe aufbewahrten und sonst in der

Nahe Freibergs zerstreuten Ueberreste früherer Zeit einen guten Anfang bildeten; doch behielt sich die hiesige Stadtgemeinde ihr Eigenthumsrecht an den Kreuzgängen vor.

Es zeigte sich jedoch bald, obwohl man die im Kirchhof hoch aufgethürmte Erde von dem inneren Mauerwerke entfernt und die Gräfte in den Kreuzgängen damit ausgestürzt hatte, dass die Feuchtigkeit durch den neuen Verschluss der früher offenen Fenster und Thüren jetzt eher vermehrt als vermindert worden war und den hier aufgestellten, ohnediess schon vom Wurm angegriffenen Gegenständen gefährlich wurde. Man brachte deswegen die besten hier aufbewahrten hölzernen Ueberreste in das im Königlichen grossen Garten bei Dresden angelegte Museum des Königlichen Alterthums-Vereins.

So standen denn die Räume der Kreuzgänge wieder leer, und wenn der obengenannte sowie der hiesige Alterthums-Verein seine schützende Hand nicht auch fernerhin darüber hält, werden sie bald dem Abbruche verfallen.

Man hört sehr oft die Frage aufwerfen: welchen Nutzen diese Kreuzgänge der Stadt gewähren könnten, um sie in baulichem Zustande zu erhalten? Hierauf muss erwiedert werden, dass es an Barbarei streifen würde, wenn man die Gräber Derjenigen spurlos verschwinden liess, deren Wohlthaten man heute noch in den Vermächtnissen der Quellmalz, Hohewein, Horn, Richter, Werner u. s. w. geniesst, und der Abbruch dieser ehrwürdigen alterthümlichen Begräbnissstätten wäre nur dann zu entschuldigen, wenn der öffentliche Verkehr durch ihr Verbleiben gehemmt würde. Diess ist jedoch um so weniger der Fall, da sich schon seit dem Abtragen der Stadtmauern der Verkehr mehr nach der oberen Stadt gezogen hat und nach Erbauung des Bahnhofes sich noch mehr nach dieser Gegend hinziehen wird.

Wenn auch die Kreuzgänge keine Zierde von Aussen gewähren, so würden diess noch weniger die sie umstehenden Häuser vermögen. Dass sich später diese Häuser in neue bessere umwandeln dürften, davon kann wohl in der Unterstadt keine Rede sein. Was aber den Nutzen betrifft, den die Kreuzgänge der Stadt ferner gewähren könnten, so würde sich derselbe wohl herausstellen; wenn — was Gott verhüte — die Stadt einmal von einer grossen Feuersbrunst heimgesucht würde, dann wären sie der sicherste Ort, um werthvolle Sachen zu retten oder selbst obdachlos Gewordene vorläufig unterzubringen. Auch dürften sie, wie es schon früher einmal geschah, bei Kriegszeiten zu Magazinen und Lazarethen u. s. w. dienen. Ihre beste Verwendung fänden sie wohl als Alterthums-Museum, sobald sie auf zweckmässige Weise dazu eingerichtet würden.

Der südlichen und nördlichen Ansicht der Kirche thun die vorgebauten Kreuzgänge keinen Eintrag, nachdem der grüne Kirchhof in neuester Zeit in eine offene Promenade umgewandelt worden ist.

Seit der obengenannten Zeit hat nun der Königliche Alterthums-Verein die nothwendigen Reparaturen an den Kreuzgängen mit dankenswerther Bereitwilligkeit besorgen lassen. Leider nahm aber trotzdem die aus dem Fussboden aufsteigende Feuchtigkeit und Moderluft, besonders an der goldnen Pforte, durch das vom grossen Kirchendache abtraufende Wasser fortwährend genährt, so überhand, dass das Sandsteinmaterial derselben davon angegriffen und wegen Mangel an Zutritt freier Luft zerstört wurde. So sah man denn mit jedem Jahre den allmäligen Ruin des durch alle Stürme der Zeit bisher noch erhaltenen herrlichen Meisterwerkes leider immer schnellere Fortschritte machen und war es die höchste Zeit dieser Gefahr Einhalt zu thun. Dieser traurige Zustand veranlasste mich, den Königlichen Alterthums-Verein schon bei dem ersten in seinem Auftrage besorgten Reparaturbau auf diese Gefahr aufmerksam zu machen und die gänzliche Freistellung des Portales als das einzige Mittel zur gründlichen Beseitigung der Gefahr zu bezeichnen und dessen Ausführung zu beantragen. Doch fand dieser Vorschlag damals keinen Anklang, weil man dem rauhen Clima Freibergs misstraute. Lange Zeit hierauf und zwar im Jahre 1853 erhielt die hiesige Königliche Amtshauptmannschaft vom Königlichen Ministerium des Cultus den Auftrag: Vorschläge zur Beseitigung der Zunahme der Zerstörung der goldnen Pforte zu machen, und wendete sich dieselbe an mich mit dem Wunsche ihr ein Gutachten darüber mitzutheilen. Dieses gab ich auch in vollständig motivirter Weise nebst Kostenanschlag dazu, weil mir das Schicksal dieses Meisterwerkes meiner Vaterstadt zu sehr am Herzen lag. Doch auch dieses Gutachten war von keiner Folge. Dagegen wurde die Nothwendigkeit einer durchgreifenden Abhilfe immer dringender, da die Zerstörung namentlich an der rechten Seite des Portales, wo sich grüner Moder in Masse ansetzte, ganz bedrohlich zunahm.

Nun trat im Jahre 1860 der Freiberger Alterthumsverein in's Leben und mit diesem im Bunde liess sich der Weg zur Hilfe anbahnen. In einer der ersten Sitzungen des Ausschusses dieses Vereines, welchem anzugehören ich die Ehre habe, machte ich die Versammlung auf die Dringlichkeit der baldigen Freistellung der goldnen Pforte aufmerksam und bezeichnete die Rettung derselben vom Untergange als die erste und wichtigste Aufgabe des Vereines. Dieser Vorschlag fand allgemeinen Anklang. Man beauftragte mich meine Ansichten darüber auszusprechen, in welcher Weise mit den wenigsten Mitteln der Zerstörung Einhalt gethan werden könnte. Da sich nun aber mein früherer Kostenanschlag auf ungefähr 900 Thaler belaufen hatte und bei dem Verein keine Aussicht vorhanden war eine so hohe Summe herbeizuschaffen, so musste ein neuer ausgearbeitet werden; bei diesem beschränkte ich mich nur auf die nothwendigsten Vorrichtungen zur Erhaltung des Portales, welche nur darin bestehen sollten, dass man die dasselbe überdeckende Vorhalle nebst einem Stücke Kreuzgang abtrage, ein Schutzdach über die goldne Pforte lege und alle schadhaften Stellen an ihr soweit reparire, dass durch die Einwirkung der Witterung kein weiterer Schaden geschehen könnte. Die Kosten dafür beliefen sich auf 500 Thaler. Hierzu sollte die Vereinskasse 200 Thaler beitragen; 200 Thaler wurden durch Vermittlung des Stadtrathes aus der Hospitalkasse bewilligt. Die noch fehlenden 100 Thaler glaubte man durch freiwillige Beiträge aufzubringen. Den Bemühungen des Vorstandes vom Freiberger Alterthumsverein gelang es, noch gegen 200 Thaler aus den Kassen der sich auflösenden Innungen zugesagt zu erhalten, jedoch wurde dieser Opferwilligkeit vom Stadtrathe keine Folge gegeben. Man würde gewiss bei dem lebendigen Sinne und der guten Stimmung der Einwohner Freibergs für die Erhaltung und Verschönerung dieses wichtigen, in ganz Deutschland berühmten Denkmales aus der Gründungszeit der Stadt auf kein Hinderniss gestossen sein, wenn der Plan in derselben vollständigen Weise, wie es geschehen ist, aus Stadtmitteln bestritten worden wäre. Leider erreichten in Folge dieser allgemeinen Ansicht die freiwilligen Beiträge nicht die gewünschte Höhe, obwohl Einzelne die Sache durch reiche Gaben zu fördern suchten.

So blieb man denn auf die Summe von höchstens 500 Thalern beschränkt. Die zuerst begonnenen Reparaturarbeiten an der goldnen Pforte, welche im Verstreichen offener Fugen und Ergänzung der Fussgesimse u. s. w. mit Cement bestanden, veranlassten einen fremden Verehrer unseres Portales im Dresdner Journal No. 192 Jahrgang 1861 die Art der begonnenen Conservationsarbeiten als roh zu bezeichnen und nebenbei bei dem Königlichen Cultus-Ministerium die ganze Restauration rückgängig zu machen. Glücklicherweise bezog sich ein ministerielles Interdict nur auf den befürchteten Oelfarbenanstrich, übrigens legte man dem Bau, zu welchem die betheiligten Behörden bereits ihre Genehmigung ertheilt hatten, kein Hinderniss in den Weg.

7

Durch diesen Vorgang wurde jedoch die Aufmerksamkeit des Königlichen Cultus-Ministeriums mehr auf diesen Gegenstand gelenkt und Dasselbe beauftragte drei der competentesten Mitglieder des Rathes der Königlichen Kunstakademie in Dresden, Herrn Galeriedirector Dr. Schnorr von Carolsfeld, Herrn Professor Dr. Ernst Julius Hähnel und Herrn Professor Dr. Hermann Hettner unter dem Vorsitze des Herrn Geheimenrathes Kohlschütter, in einer Conferenz mit der Königlichen Kircheninspection und dem Directorium des hiesigen Alterthumsvereines das Bauproject an, Ort und Stelle zu prüfen und ein Gutachten darüber abzugeben. Noch ehe diese Conferenz stattfand, kam ein Directorial-Mitglied des Königlichen Alterthumsvereines Herr Generalmajor Graf von Bandissin nach Freiberg, um sich mit dem Stande der Sache bekannt zu machen. Von ihm wurde die Hoffnung auf Beihülfe aus Staatsmitteln zuerst in Aussicht gestellt, wenn man am geeigneten Orte darum bitten würde. Kurze Zeit darauf beehrte auch Herr Staatsminister Dr. Freiherr von Falkenstein den Bau der goldnen Pforte mit seiner Gegenwart und nahm specielle Einsicht von der Localität und dem beabsichtigten Bauplane. Auf diesen hohen Besuch musste besonderes Gewicht gelegt werden, da man auf ihn grosse Hoffnung auf Unterstützung bei einem grösseren Bauprojecte gründen konnte.

In der nun stattfindenden Conferenz wurde zwar kein Tadel gegen den Conservationsplan erhoben, allein man beklagte es, dass wegen Mangel an hinreichenden Mitteln demselben keine weitere Ausdehnung gegeben werden könnte. Dessen ungeachtet erhielt ich den ehrenvollen Auftrag, einen vollständigeren Plan zu entwerfen, die Kosten zu berechnen und denselben durch das Directorium des Freiberger Alterthumsvereines an das Königliche Cultus-Ministerium einzusenden. Eben waren von mir die für den erweiterten Bauplan erforderlichen Zeichnungen, Erläuterung und Kostenanschläge, deren Betrag sich nunmehr auf 2000 Thaler belief, bei der höchsten Behörde bereits eingereicht, als ich die Wahrnehmung machte, dass die Gelder, welche mir bis dahin zu Gebote gestanden hatten, verbraucht waren und dass in Folge dessen der Bau bis zum Eingang hoher Entscheidung hätte unterbrochen werden müssen; ein Umstand, der, wenn er eingetreten wäre, nothwendigerweise Verluste an Zeit und Geld verursacht haben würde. In dieser nach allen Seiten hin kritischen Lage sah ich mich genöthigt, und da sich kein anderer Ausweg öffnen wollte, auf eigne Gefahr und Verantwortlichkeit fortzubauen, indem man es mir überliess für Herbeischaffung und Wiedererstattung der nöthigen Geldmittel selbst zu sorgen und einzustehen. So hatte mich denn die Liebe zur Sache in die Lage gebracht über 700 Thaler aus eigenem Vermögen zu wagen, obwohl meine Verhältnisse nicht der Art sind, dass der etwaige Verlust dieser Summe mir hätte gleichgültig sein können.

Während dieser Ungewissheit, in welcher jetzt der Bau schwebte, wurde demselben die hohe Ehre zu Theil, von Sr. Majestät unserem hochverehrten Könige in Augenschein genommen zu werden. Allerhöchstderselbe betrachtete nicht nur mit wahrem Kennerauge die herrlichen Gestalten, soweit sie die vorgebauten Gerüste erkennen liessen, sondern sprach auch Seine höchste Zustimmung zu dem gesammten Unternehmen aus.

Als nun der Rohbau in der Hauptsache fast beendet war, traf eine hohe Cultus-Ministerial-Verordnung des Inhaltes ein: „dass der Bau in der beantragten Erweiterung auf Grund des Gutachtens des akademischen Rathes in allen Punkten genehmigt sei und die Kosten, unter Hinzunahme der vom Freiberger Alterthumsvereine gebotenen 400 Thaler, auf die Staatskasse übernommen werden sollten." Die Ausführung des Baues wurde nunmehr mir definitiv übertragen.

Eine grosse freudige Ueberraschung folgte somit trüben Tagen der Sorge und Verlegenheit; ja die Freude über einen solchen Ausgang war, mit wenig Ausnahmen, eine Freude für die ganze Stadt! — Dieser hohe Beschluss musste auch zugleich als die grösste Ehrenerklärung in Bezug auf die öffentlich mir angethane Verunglimpfung angesehen werden. Es folgte ihr sogar eine zweite auf dem Fusse nach, indem Se. Majestät mich, auf Vorschlag des akademischen Rathes, zum Ehrenmitgliede der Königlichen Kunstakademie in Dresden ernannte.

Mit freudigerem Muthe wurde nun der Bau fortgesetzt, wenn auch die Beendigung desselben kaum abzusehen war, da, wollte man nicht auf halbem Wege stehen bleiben, eine Verbesserung die andere erforderte.

Weniger günstig gestalteten sich die Geldverhältnisse in Bezug auf die Herstellung des wüsten Kirchhofes und Umgestaltung in eine des Ganzen würdige Anlage, da hierzu mit der Summe von 100 Thalern aus einer Stiftungskasse ausgereicht werden sollte. Der darüber eingereichte Kostenanschlag wies aber in seiner einfachsten Form die Summe von 177 Thaler 14 Ngr. nach, welche nicht ohne Schwierigkeiten aus städtischen Mitteln beschafft werden konnte.

Aber noch ein Uebelstand, der zwar schon früher bemerkt wurde, doch jetzt erst nach Freistellung der goldnen Pforte auffallend unangenehm hervortrat, musste beseitigt werden. Es waren dies die beiden im Anfang des vorigen Jahrhunderts an der Südseite angebauten Treppenhäuser, welche nach den Betstübchen unter der Emporengalerie führten. Da die Königliche Kircheninspection über Mittel zur Beseitigung dieses Uebelstandes aus dem Kirchenvermögen nicht zu verfügen hatte, aus städtischen Kassen aber solche zu erhalten keine Aussicht vorhanden war, so wendete ich mich vertrauensvoll an das hohe Cultus-Ministerium mit der Bitte, die mit 100 Thlrn. veranschlagten Kosten gewähren zu wollen, und das Gesuch wurde mit anerkennenswerther Bereitwilligkeit gewährt. So konnten denn auch diese allgemein als unangenehm in die Augen fallenden Treppenhäuser verändert und zwar das kleinere ganz abgetragen, das grössere aber mit einem dem Style der Kirche und der Kreuzgänge angemessenen Aeusseren versehen und dabei Gelegenheit genommen werden, die Umgebung der zweiten südlichen Eingangsthür in den Dom mit den meisterhaft aus Sandstein gearbeiteten Wappen der Erbauer des jetzigen Domes zu decoriren, welche man früher, wie oben bemerkt, als unnütze Zierathen aus der Kirche entfernt hatte.

Beim ersten einfachen Plane zur Freistellung der goldnen Pforte ging die Absicht dahin, den Kreuzgang nur bis vor Werner's Grab abzubrechen und die offene Seite mit einer Giebelmauer zu verschliessen, worin zugleich die an der Ostseite abgebrochene Eingangsthüre wieder eingebaut werden sollte. Allein man hatte doch durch diese Grenze des Abbruches noch zu wenig freien Raum vor der goldnen Pforte gewonnen, um dieselbe vollständig übersehen zu können, daher musste man, um dies zu erreichen, noch ein grösseres Stück vom Kreuzgange abtragen. Da nun von mancher Seite her Werth darauf gelegt wurde, Spuren zurück zu lassen, dass einstens die Kreuzgänge mit der goldnen Pforte in Verbindung gestanden hätten, benutzte ich ein Stück südliche und östliche Grenzmauer des abgetragenen Kreuzganges, um hier eine Terrasse zu bilden, von welcher man ganz besonders auch einen bequemen Standpunkt zur Betrachtung des Portales haben und durch eine breite Treppe von fünf Stufen dahin gelangen konnte.

Da nun Werners Grabstein, wegen des weiter als früher beabsichtigten Abbruches vom Kreuzgange, eine andere Stellung erhalten musste, benutzte ich diese Gelegenheit, zugleich mit dessen Versetzung auf eine reichere Ausschmückung desselben bei dem Königlichen Oberbergamt anzutragen, welchem Antrage auch vollständig entsprochen worden ist.

Durch das Abtragen des ganzen Terrains vor der goldnen Pforte, um nächst mehreren Stufen vor dem Portale zugleich einen grossen freien Platz zu erhalten, musste nothwendig auch eine Terrasse nach dem höher gelegenen Theil des grünen Kirchhofes entstehen, die zuerst nur abgebösoht, mit Felssteinen begrenzt und mit Sträuchern bepflanzt werden sollte. Allein es würde später eine solche Anlage nicht in Harmonie mit der übrigen Umgebung haben gebracht werden können, weil alles Mauerwerk aus Sandstein aufgeführt worden ist, wesshalb diese Terrasse ebenfalls mit Sandsteinwerkstücken errichtet wurde. Die hierauf nothwendig werdende Balustrade konnte dem Style der Kirche und der Kreuzgänge angemessen nicht anders als ebenfalls in Sandsteinmaterial ausgeführt werden, wozu, auf mein diessfallsiges Ansuchen, die hierzu veranschlagten Kosten an 200 Thaler mit dankenswerther Bereitwilligkeit von den städtischen Behörden genehmigt wurden.

Die Abtrennung des Raumes vor der goldnen Pforte vom Niedermarkte, da, wo früher der Kreuzgang die Grenze gebildet hatte, und ein gleicher Verschluss an der Westseite des Domes, sollte nach dem Beschluss in der erwähnten Conferenz nicht, wie ich vorgeschlagen hatte, durch Mauern in Verbindung mit den vorhandenen schönen Gittern und Thüren aus Schmiedeeisen in Renaissancestyl, umzogen, sondern nur durch freistehende Barriersäulen erreicht werden, um dem Publikum die möglichste Freiheit des Weges zu gewähren. Allein schon während des Baues wurde leider wahrgenommen, dass nicht nur Kinder in grosser Zahl ihren Spiel- und Tummelplatz, den sie schon vor dem Abbruch des Kreuzganges hier hatten, bis hierher erweiterten und grosse Belästigungen durch Steinwerfen, Geschrei und Unreinlichkeiten herbeiführten, sondern auch die Grenzen der freien Seite an der goldnen Pforte mit Dünger-, Rüst- und anderen Wagen mit und ohne Bespannung umgeben wurden; auch bieten für die goldne Pforte die zunächst liegenden Gebäude keine würdige Umgebung, wesshalb man sie mit Mauern und Bäumen soviel als möglich zu verdecken suchen muss.

Diese Uebelstände, welche vorher von anderer Seite nicht in dieser Grösse befürchtet worden waren, veranlassten mich, da ich ohnediess nicht für die gänzliche Freigebung der goldnen Pforte und der neu geschaffenen Anlagen gestimmt hatte, dem Königl. hohen Ministerium des Cultus Bericht darüber zu erstatten und meine Ansichten über die Art des Verschlusses durch Schrift und Zeichnungen vorzutragen, auch den Kostenanschlag für eine solche Sicherheit beizulegen. Auch diesmal krönte eine günstige Resolution meine Vorschläge, indem das genannte hohe Ministerium dieselben nicht nur vollständig genehmigte, sondern auch die hierzu veranschlagte nicht unbedeutende Summe hochgeneigtest und unverkürzt gewährte.

So ist denn jetzt Alles geschehen, was zur Erhaltung und Verschönerung der goldnen Pforte erforderlich und wünschenswerth war. Unsere Nachkommen werden hoffentlich dafür sorgen, dass die Opfer, welche jetzt dieser Schöpfung gebracht worden sind, durch Vernachlässigung oder Missachtung nicht wieder verloren gehen.

Fig. 1.

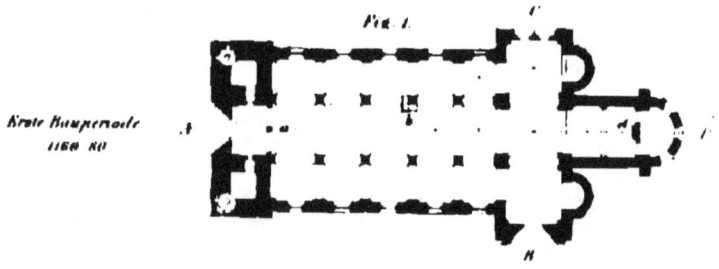

*Erste Bauperiode
1160 80.*

Fig. 2.

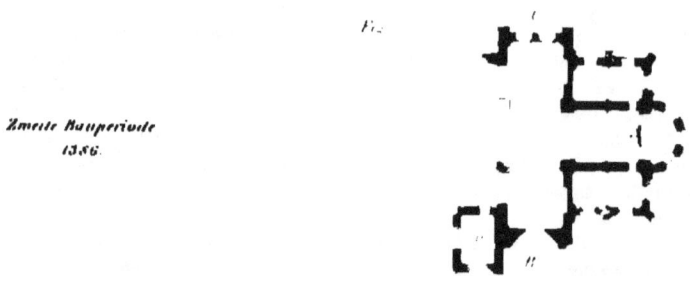

*Zweite Bauperiode
1386.*

Fig. 3.

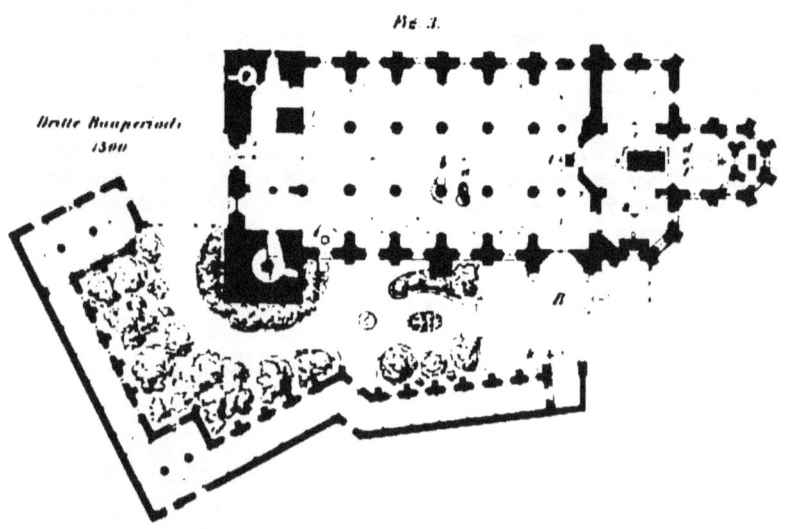

*Dritte Bauperiode
1300.*

Fig. 4.

Fig. 6

Fig. 5

Fig. 19

Fig. 11

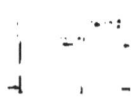

Fig. 11

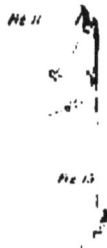

Fig. 12a

Fig. 12b

Fig. 13

Fig. 15

Fig. 16

Fig. 17

Fig. 18

Fig. 20

Fig. 77

Fig. 73ᵃ

Fig. 76ᵇ

Fig. 73ᵇ

Fig. 77ᵃ

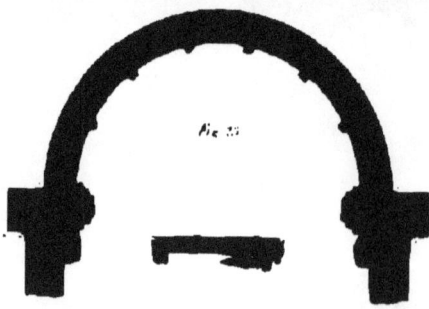

Fig. 78

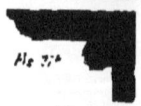

Fig. 77ᵇ

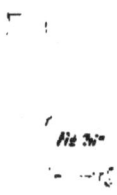

Fig. 78ᵃ

Fig. 78ᵃ

Fig. 79

Fig. 79

Fig. 80

www.ingramcontent.com/pod-product-compliance
Lightning Source LLC
Chambersburg PA
CBHW021629270326
41931CB00008B/936